Lothar Bley • Von Trümmern und Träumen

LOTHAR BLEY

Von Trümmern und Träumen

FRIELING

Bibliografische Information der Deutschen Nationalbibliothek
Die Deutsche Nationalbibliothek verzeichnet diese Publikation in der Deutschen Nationalbibliografie; detaillierte bibliografische Daten sind im Internet über http://dnb.d-nb.de abrufbar.

Rheinstraße 46, 12161 Berlin
Telefon: 0 30 / 76 69 99-0
www.frieling.de
ISBN (Print): 978-3-8280-3881-3
ISBN (E-Book): 978-3-8280-3882-0
1. Auflage 2024
Bildquelle: pixabay

Printed in Germany

Inhalt

Vorwort

„Von Trümmern und Träumen“ ist eine humorvolle, bisweilen schrullige Sammlung wahrer Geschichten. Sie präsentieren sich den Leserinnen und Lesern mit einer Prise Geschichte und Gesellschaftskritik sowie einem Schuss Lebensweisheit.

Begleiten Sie den Helden Lothar, der in einer Welt voller Veränderungen konstant auf der Suche nach sich selbst bleibt und dabei zwischen dem Wunsch nach Freiheit und der Konfrontation mit der eigenen Unzulänglichkeit navigiert.

Die Episoden führen von den 1940ern bis hin zum Fall der Berliner Mauer 1989. Unser Held muss sich durchboxen, im wahrsten Sinne des Wortes, denn das Leben spart nicht mit Herausforderungen. Er arbeitet hart, ist erfinderisch und setzt sich mit einer kleinbürgerlichen Moral auseinander, die in Sachen Sexualität und Religion jede Menge Tabus kennt.

Die Reise des Erzählers ist gespickt mit skurrilen Begegnungen, voller Fallstricke und gelegentlicher Triumphe. Ein großes Thema: die Frauen. Sie heben ihn mal in den Himmel, mal holen sie ihn unsanft auf den Boden der Tatsachen zurück.

Zwischen Gebeten und Bekenntnissen, zwischen Werkbank und Versicherungsformularen entfalten sich Erfahrungen, die zeigen: Am Ende des Tages ist das Leben vielleicht kein Witz, aber es hilft definitiv, wenn man darüber lachen kann.

Gabriele Brähler

Familie – Berlin in den Fünfzigern

Aufgewachsen im Herzen von Kreuzberg – genauer gesagt in SO 36, benannt nach dem gleichnamigen historischen Postzustellbezirk –, bin ich ein echtes Berliner Kind. Dabei ist Kreuzberg nicht nur irgendein Kiez. Kreuzberg ist eine Einstellung.

In der Reihe von fünf Geschwistern komme ich als letzter. Jürgen, Gerhard, Otto, Ruth, geboren zwischen 1929 und 1937. 1947 erblicke ich, der kleine Lothar, das Licht der Welt. Den Älteren war es peinlich, ihre 42-jährige Mutter mit Kinderwagen auf der Straße zu sehen. Ein Kinderwagen, gebaut aus Trümmerteilen. Ich, das Schlusslicht, fühle mich im Kreis der Großen als Einzelkind. Unsere Bude – immer voller Leben. Es gibt viel Gelächter, aber auch viel Gekreische. So ist das nun mal, wenn man in einer Großfamilie aufwächst.

Anfang der 1950er. Wir leben in einer halb weggebombten Wohnung, in der ein Zimmer nicht betreten werden darf. Mich als kleinen Bengel reizt dieses natürlich besonders. Immer lauere ich auf eine Gelegenheit und beobachte dann durch ein Loch im Boden das Treiben der Nachbarn unter uns.

Kindergärten gibt es nicht – und wenn doch, weiß meine Familie nichts davon. Egal, wo Mutter hingeht, sie schleppt mich immer mit; außer wenn sie auf Hamstertour geht. Wo sie Beute macht, bleibt ihr Geheimnis. Dann bin ich im Schlepptau meiner Brüder. Sie müssen raus, Bauklötze klauen. Für notwendige Bauarbeiten an der löcherigen Wohnung.

Wenn meine Mutter nach Hause kommt, bringt sie immer Taschen voller Gemüse mit. Hauptsächlich Kartoffeln und Mohrrüben. Mohrrüben gibt's in allen Variationen zu essen. Sie hat wohl einen geheimen Platz aufgetan, den keiner kennt und der auch nicht von einem Bauern bestellt wird. Durch das viele Karotin habe ich eine gesunde Hautfarbe. „Sie müssen wohl den Kleinen nur mit Mohrrüben füttern“, meint einmal unser Kinderarzt. Ohne diese geheime Quelle an Karotten hätten wir sonst wohl nur Kartoffeln auf dem Teller gehabt. Obwohl - Mutter ist eine wahre Künstlerin - langweilig sind ihre Kochkünste nie.

Eines Tages bereitet sie zum Abend für alle einen Berg Schnitzel zu. Selten, dass wir mal alle sieben zusammen essen. Es riecht kräftig nach Gebratenem und alle freuen sich. Bis Jürgen meint: „Es gab doch heute keine Fleischzuteilung. Was ist das da eigentlich?“ Aufmerksam fummelt er an der Panade der Schnitzel. Weißes gewelltes Fleisch kommt zum Vorschein. „Iiih, das ist ja Kuheuter.“

Da ich noch nie eine Kuh gesehen habe, weiß ich auch nicht, was ein Kuheuter ist. Dennoch nimmt mir das angewiderte Gesicht meines Bruders die Lust auf das Gebratene. Auch die anderen lehnen ab. Mutter ist enttäuscht. Nur mein Vater freut sich, greift beherzt zu und mümmelt ein Stück nach dem anderen weg. „Probiere doch einfach mal“, meint er mit dicken Backen genüsslich schmatzend. In einer Zeit der ewigen Knappheit an Lebensmitteln hat er jetzt endlich mal Gelegenheit, richtig satt zu werden.

Mein Versuch am Kuheuter scheitert an meinen Milchzähnen. Ich bekomme den Lappen nicht durchgebissen. Das Fleisch dient eher dazu, die Kaumuskulatur zu stärken. Irgendwie erinnert mich das Teil an die Lederteile, die mein Vater bearbeitet. Nur dass diese nicht weiß sind. Vater stückelt mir kleine Teile vom Kuheuter zurecht. Die Panade schmeckt am besten.

Mein Vater ist Schuster. Er sitzt überwiegend mit einem Holzbrett auf dem Schoß im Wohnzimmer und klopft mit einem Hammer munter auf Schuhe ein. Dieser hat auf der einen Seite ein flaches Ende. Die andere Seite läuft spitz aus. Was er da genau macht, bleibt mir ein Geheimnis. Aber es ist lustig, wie er einmal oder zweimal leise auf die Holzplatte klopft und dann mit Wucht auf einen Stift schlägt, der aus der Sohle eines Schuhs herausragt. Das immer wieder. Klopf, klopf und krach.

Um mich zu erschrecken, schlägt er aus Spaß einmal nicht auf den Nagel, sondern in meine Richtung. Dumm nur, dass ich in dem Moment das Brett anfasse und der Hammer den linken Mittelfinger erwischt. Autsch, das tut weh. Das Nagelbett nimmt den Schlag wirklich krumm und verformt sich auf ewig. Zeit meines Lebens habe ich so ein Andenken an meinem Vater.

•

Immer haben wir Hunger. Irgendwann taucht bei uns ein Hase auf. Mucki. Er wird zum heimlichen King in der Familie. Meine Brüder spielen mit ihm, wenn sie zu Hause sind. Und streiten um ihn. Er ist ihr Versuchskaninchen, das sich viel Kurioses gefallen lassen muss. Sie postieren ihn zwischen Kissen, als würde er in einem Sessel sitzen, versehen ihn mit Brille und Zeitung. Er muss Parkour laufen, fliegen lernen, in einer Schüssel schwimmen. Ob der Hase Spaß hat? Jedenfalls läuft er nicht weg, wenn ich ihn streicheln möchte. Wahrscheinlich lässt er aus purer Angst alles über sich ergehen. Das arme Tier.

Es folgt ein neuer Glückstag für meinen Vater. Ein Essen mit der ganzen Familie ist angesagt. Meine Brüder kommen nach Hause und rufen nach Mucki. Aber kein Mucki weit und breit. Mutter ruft zu Tisch. Die Jungs stürmen ins Wohnzimmer und ihnen stockt der Atem. Mucki liegt braungebrannt in einer

Schüssel. Meine Mutter macht hinter meinem Rücken ein Stück zurecht, das nicht mehr nach Hasen aussieht. Mama isst eine Keule, ich bekomme die kaschierte Keule und Papa den Rest. Die Geschwister hocken trauernd in ihren Zimmern.

•

Das Leben dreht sich zu der Zeit immer ums Essen. An der Mühsal der Beschaffung habe ich keinen Anteil, für mich ist es einfach da. Und das, was da ist, macht mich satt. Große Auswahl kenne ich nicht, so bin ich einfach zufrieden.

Eines Tages liegen rote Kugeln mit einem dünnen Stiel auf dem Tisch. Mann, schmecken die toll. Mit Wonne verschlinge ich die halbe Tüte. Bis Mutter dazukommt und mir den Rest wegnimmt. „Die anderen wollen auch was abhaben." Aus himmlischer Gier habe ich auch ein paar Steine mit runtergeschluckt. Als ich frage, ob das schlimm sei, nimmt mich mein Bruder Otto mit einem Grinsen beiseite. „Da sind Kerne drin. Die Kerne sind der Samen für neue Obstbäume. Jetzt wächst in dir ein Kirschbaum."

Mit großen ängstlichen Augen renne ich zu meinem Vater. „Papa, Papa; Ottchen hat gesagt, in meinem Bauch wächst ein Kirschbaum." – „Lass mal hören", er nimmt mich auf den Schoß, legt sein Ohr an meinen Bauch und meint nach ein paar Sekunden mit ernstem Gesicht: „Da raschelt was. Ich glaube, der Kern ist aufgegangen."

Nachts kann ich nicht schlafen. Fasse immer auf meinen Bauch, um zu fühlen, ob der Bauch dicker geworden ist und da in mir was wächst. Am Morgen merkt meine Mutter, dass etwas nicht stimmt. „Bist du krank?", will sie wissen. „Nein, ich habe Angst, dass morgen ein Kirschbaum aus meinem Mund wächst.

Horch doch mal." Sie: „Du Dummerchen, die haben dich doch nur geärgert. Der Kern ist doch schon verdaut."

•

Im Gegensatz zu meinen Brüdern ist meine Schwester Ruth friedlich. Auch wenn sie dazu verdonnert wird, mit mir spazieren zu gehen. Was ihr gar nicht gefällt. Anfang der Fünfziger ist sie pubertär und will Jungens kennenlernen. Dabei stört ein quengelnder Knirps, der neugierig auf die Welt ist und alles im Sinn hat, bloß nicht in irgendwelchen Hauseingängen rumzustehen und übelriechenden Qualm einzuatmen. Nach jeder gemeinsamen Tour kommt die Ermahnung: „Du sagst aber nichts Mutti." - „Dann lass mich doch spielen."

Für mich sind Ruinen einfach nur großartige Spielplätze. Da ist eine Stange, ein Stahlträger, der aus einer Wand ragt. Darauf will ich schaukeln. Ruth (mit ein paar mehr Jahren mehr hat sie Erfahrungen, die ich nicht habe): „Das ist doch viel zu gefährlich." Ihr Nein zum Stahlträger-Schaukeln zahle ich ihr heim. Vor der Wohnungstür werde ich noch mal eingeschworen: „Du hältst den Mund. Ja?" Die Tür geht auf, schwups bin ich drin und springe in meine Lieblingsecke mit dem Satz: „Ruth raucht und trifft sich mit Jungens." Ich glaube, für meine Schwester war ich der Teufel.

Mutter und Vater

Rückblick. Meine Mutter Elly, Jahrgang 1906, arbeitet lange Zeit für eine Postkartenfirma. In Heimarbeit klebt sie kleine gefaltete Ziehharmonikabilder in eine doppelseitige Postkarte. Die Vorderseite zeigt eine Landschaft. In dem Bild ist eine kleine Lasche. Zieht man diese Lasche auf, fallen zehn gefaltete Bilder heraus.

Mutter hat im Laufe der Zeit viele Jobs. Egal, welche Arbeit sich bietet, sie versucht alles, um sich und ihre Familie durchzubringen. In den Zwanzigern arbeitet sie bei einem Industriellen als Mamsell. Dann bei einem Botschafter als Köchin. Als dieser nach Russland versetzt wird, soll sie mit. Sie lehnt ab.

Die Liebe kommt in Form meines Vaters. Mit ihm die Resultate – fünf Kinder, die sie tagein, tagaus auf Trab halten. Mein Vater, in unserer Familie Otto der Erste, wird 1899 in Königsberg, Ostpreußen, geboren. Als gelernter Stellmacher ist er handwerklich sehr geschickt. Nach dem Tod meiner Mutter finde ich sein Soldbuch mit drei Eintragungen.

1916 wird er an die Westfront geschickt und hat drei Lazarettaufenthalte; keine glorreichen Verwundungen für das Vaterland, sondern Magenschmerzen, Koliken und Blinddarmreizung. Das Kriegsende verschlägt ihn nach Berlin, wo er sich mit zahllosen Gelegenheitsarbeiten über Wasser hält. Dann wird er Straßenbahnfahrer. Damals sind die Straßenbahnen noch ohne Dach. Bei Minusgraden im Winter nicht gerade angenehm. Da helfen auch gepolsterte schwere Stiefel und Pelzmantel nichts.

Irgendwann wohnen sie in Friedrichshain, in der Nähe der Oberbaumbrücke. Das Einkommen ist bescheiden. Politisch eher uninteressiert, ist ihre einzige Sorge, zu verhindern, dass die Kinder Mitglieder in der Hitlerjugend werden.

Kriegsbeginn, 1. September 1939. Mein Vater geht in eine Bäckerei, nimmt ein Brot aus der Auslage und verlässt seelenruhig, ohne zu bezahlen, das Geschäft. Hinter ihm eine heillose Aufregung. Die Verkäuferin rennt los, gestikuliert wild, schreit wie am Spieß. Ein Schupo stoppt ihn. Mein Vater bleibt gelassen, lässt sich bereitwillig festnehmen. Es gibt eine schnelle Verhandlung, drei Monate Arrest und das Verbot, an den Siegen der Wehrmacht teilzunehmen. Er ist 40 Jahre alt. Er will einfach nie wieder einen Schützengraben sehen.

Fünf Jahre später, als jeder herangezogen wird, um die Stadt zu verteidigen, nutzt er die tragische Situation eines Bombardements. Er bricht sich das linke Bein und kommt in Gips. Und behält den Gips fast ein halbes Jahr. Er läuft auf Krücken von Bunker zu Bunker. Niemand soll ihn wiedererkennen; niemand Fragen nach der Länge des Heilungsprozesses stellen. Bekannte warnen ihn: „Otto, wenn sie dich erwischen, stellen sie dich an die Wand.“

Ja, er ist ein Simulant. Aber ist er deshalb feige? Nein, er muss ständig auf der Hut sein, nicht erwischt zu werden. Seiner Kunst der vollendeten Simulation verdanke ich meine Erzeugung, also mein Leben. Die Kapitulation erlöst ihn. Allerdings mit einem bleibenden Schaden am verletzten Bein. Er beherrscht zum Glück das Schuhmacher-Handwerk. Dem widmet er sich. Im Vergleich zum Heldentot das kleinere Übel.

Mutter lebt mit den Kindern in der Endphase des Krieges in Wolmirstedt bei ihren Eltern. Durch ihr Geschick und Organisationstalent sowie gute, alte Verbindungen findet sie eine Anstellung als Köchin im Lazarett.

Das Land liegt in Schutt und Asche. Die Amerikaner stehen vor den Toren der Stadt. Der Chefarzt des Krankenhauses hat den Befehl, bis zum letzten Mann zu kämpfen. Die einzigen Männer weit und breit sind seine Patienten, schwerverletzte Soldaten. Der zuständige General hat längst die Flucht ergriffen. Somit ist der Chefarzt selbst die höchste Instanz. Und er hat genug Leiden gesehen. Eine weiße Fahne muss her, die wird gehisst und das Krankenhaus ergibt sich.

Das finden die Amis toll und unterstützen fortan die Klinik mit Medikamenten und Verbandszeug. Auch an Lebensmitteln fehlt es nicht. Es gibt so reichlich, dass meine Mutter mit dem Bollerwagen täglich eine volle Ladung nach Hause schafft.

In der Zeit, in der es Mutter in Wolmirstedt gut geht, greift Vater in Berlin mit seiner Behinderung nach allem, was essbar erscheint. Wie mir mein Bruder Gerhard erzählt, macht er auch vor Hunden, Katzen und weiterem Getier nicht halt. Eigentlich gilt er als Tierliebhaber und kommt mit allen Hunden, auch fremden, immer gut aus. Ob groß oder klein, sie fressen ihm aus der Hand. Nach dem Krieg machen sie alle, ob Streuner oder Erzogene, einen großen Bogen um ihn.

Irgendwann kehrt meine Mutter nach Berlin zurück. Das, was sie einmal ihr Heim nannte, ist nichts als eine Ruine. Auf einem Stein findet sie eingekratzt: „Elly, ich bin im Auffanglager Betanien.“ Das ist nicht weit. Sie muss jedoch über die kaputte Oberbaumbrücke über die Spree hinweg. Dieser Weg und dieser Fluss entscheiden über unser weiteres Leben. Denn jetzt ist sie in Kreuzberg.

Die Spree trennt den Bezirk Kreuzberg von Friedrichshain. Kreuzberg wird von den Amis und Friedrichshain von den Russen verwaltet. Zum Glück ist zu dieser Zeit die strikte Trennung der Bezirke noch nicht per Mauer manifestiert. Und zum Glück hat sie immer ihren Ausweis dabei. So kann sie sich als Berlinerin ausweisen und bekommt eine Wohnung in der Köpenicker Straße nahe dem U-Bahnhof Schlesisches Tor. Oberstes Stockwerk, notdürftig hergerichtet, aber das Dach ist dicht. Was will man mehr. Ach so, na klar, ihren Mann hat sie dann auch im Auffanglager wiedergesehen.

Gott sei dank ohne Bomben, aber der Lebenskampf geht weiter. Lebensmittel und Geld für die Miete müssen herangeschafft werden. Vater repariert Schuhe, Mutter geht hamstern. Sie organisiert Essen oder zieht aus Trümmern verbeulte oder angeschlagene Hausratgegenstände, die sie putzt und verkauft. Man arrangiert sich mit den Umständen und ist froh, noch zu leben. Alle Träume sind mit den letzten Rauchfahnen des Krieges verflogen.

Schulzeit

In der Schule singe ich Sopran. Eigentlich, um den Lehrer zu ärgern. Bekomme dafür eine Eins. Verstehe einer die Welt. Vor allem als Knirps. Meine Acht, die ich mit zwei übereinandergesetzten Kullerchen male, gebe ich auf. Muss mich anpassen; die Lehrerin will, dass ich sie als Schleife male.

Die Lehrer stehen vorne und erzählen irgendetwas. Im Rückblick kommen sie mir wie Moderatoren vor. Ich gucke ihnen zu und lausche - versuche mich zu konzentrieren. Am Anfang gelingt's. Dann werde ich müde. Ein paar Minuten lang schaffen es die Worte bis ins Gehirn, dann werden sie immer verzerrter, lösen sich auf. Ich gleite mit meinen Gedanken ab. Ich sehe meine Spielsachen vor mir, denke an Basteleien und überlege, wie ich Geld verdienen kann.

Eine Frage unterbricht meine inneren Bilder: „Lothar, wie alt wurde Friedrich der Große?" - „Äh, der ist doch schon lange tot, glaube ich." Mit dieser Antwort schieße ich den Vogel des Tages ab, sorge für Gelächter bei den Klassenkameraden und kassiere eine Fünf im Klassenbuch.

Die Lehren des Lebens bleiben haften. Da können Pädagogen mit ihren Weisheiten nicht mithalten. In den 1950er-, 1960er-Jahren kennt das Schulsystem fünf verschiedenen Stufen. Als erstes steht für alle die Grundschule an. Dann kommen die Oberschulen - unterteilt in einen praktischen Zweig, technischen Zweig und wissenschaftlichen Zweig. Von dort springen die guten Schüler aufs Gymnasium.

Ich komme auf die Gerhard-Hauptmann-Schule, die Schule der desillusionierten Lehrer. Die, die dort arbeiten, haben schon lange aufgegeben. Sie versuchen erst gar nicht, Stress zu machen. Sie spulen herunter, was sie vor langer Zeit gelernt haben. Interesse, ob ihr Wissen bei uns anlandet? Keine Spur. Ständig schauen sie auf die Uhr, hoffen auf das baldige Ende des Unterrichts – wie Drittklässler.

Einer von ihnen peppt dann doch die Stunden auf. Schildert Storys aus dem Krieg. Na, das ist doch mal was. Er erzählt vom Afrikakorps, hat mit Beduinen in der Wüste am Lagerfeuer gegessen, Rommel gesehen und bei der Belagerung von Tobruk Glück gehabt. Das ist kurzweilig.

Meine Stunde kommt jede Woche beim Zeichnen und Werken. Ein Lehrer gibt mir den Tipp, ich solle doch mal Kurse in der Volkshochschule besuchen. Das reizt mich und ich melde mich an. Ein Lehrer fordert mich auf, einen Dschungel zu zeichnen. „Mit Tarzan oder ohne?", frage ich. Aber er ist schon beim nächsten Schüler. Ich folge seiner Anweisung und zeichne ineinander verschlungene Blätter, Lianen und Bäume. Wie ein Dschungel aussieht, weiß ich aus den Groschenheften von Akim, dem Dschungelhelden. Als ich fertig bin, gehe ich zum Lehrer und frage, was er von meinem Werk hält. Seine Antwort: „Gut. Wir sehen uns dann nächste Woche. Die Stunde ist vorbei." Dreht sich um und geht. Ich bin enttäuscht, mehr noch: frustriert. Das war dann mein Ausflug in die Welt der bildenden Künste.

Spiele

Vaters Leidenschaft gehört dem Spiel. Er beherrscht alle Karten- und Brettspiele. Und alle Tricks, um möglichst oft zu gewinnen. Ich habe mir viele Tricks abgeschaut, mitspielen darf ich lange nicht.

Mit den Gewinnen füttert Vater auch die chronisch leere Haushaltskasse. Wenn er mal kein Glück hat und es gerade an Ultimo ist, dann geht er mit dem kleinen Mietbuch am Zahltag zur Vermieterin und verhandelt. „Nächsten Monat kommt die volle Summe, versprochen" – und guckt der Vermieterin tief in die Augen. Wieder einmal geschafft, der Monat ist gerettet.

Irgendwann bringt er mir das Schachspielen bei. Über zehn Jahre, bis zu seinem Tod, spiele ich mit ihm. Gewinnen kann ich nie. „Schach ist das schönste, intelligenteste und bedeutendste Spiel der Welt. Man lässt nie jemanden aus Mitleid oder Gefälligkeit gewinnen", bläut er mir ein. „Also streng dich an." Das tue ich.

Ich entwickele einen Ehrgeiz, der auf Dauer zermürbend ist. Ein Spiel jemals für mich zu entscheiden, scheint mir aussichtslos. Ich zweifele an meiner Intelligenz. Aus der Amerika-Gedenkbibliothek hole ich mir Schachbücher. Es hilft alles nichts. Selbst wenn Vater mir während eines Spiels Tipps gibt, versaue ich's. Irgendwas an dem Spiel ist verhext, da bin ich mir sicher.

Ich suche mir Bruder Otto als Gegner. Auch hier ist lange kein Erfolg in Sicht. Einfach niederschmetternd. Aber dann kommt der langersehnte Tag. Ich gewinne. „Es geht also doch", denke ich mit einem leisen Gefühl des Triumphes.

Mein Selbstvertrauen schnellt von 0 auf 100. Am gleichen Abend fordere ich meinen Vater heraus. Und er holt mich gleich wieder auf den Boden der Tatsachen zurück. Ich verliere wieder. Trotz der Niederlage gehe ich an diesem Tag beruhigt ins Bett. „Ich kann es schaffen", da bin ich mir jetzt sicher.

Mein Ehrgeiz ist geweckt. Ich buche einen Schachkurs bei der Volkshochschule. Ein Haufen komischer Typen versammelt sich da. In sich gekehrt, maulfaul, langweilig. Ich gewinne immer häufiger, verliere aber auch. Und sammele Erfahrungen. Zwischen den Spielzügen der Gegner gehen meine Gedanken auf Wanderschaft. Wie in der Schule. Mit diesem Spiel werde ich es nie zu Ruhm und Geld bringen. Es gibt zu viele Ausscheidungsspiele, die Siegprämien sind gering.

Laufbursche

Mit neun Jahren verdiene ich bereits eigenes Geld. Vor und nach der Schule und am Wochenende liefere ich im Auftrag der Bäckerei Krüger Ware aus. Sind die Gesellen beschäftigt, springe ich ein. Duftendes Brot, ofenfrische Brötchen und leckerer Kuchen liegen in meinem Fahrradkorb und finden auf kurzem Weg zu den Kunden. Mein Gebiet ist die Manteuffelstraße. Die Strecken könnte ich auch zu Fuß abgehen, aber mit dem Rad bin ich schneller.

Kassieren brauche ich nicht, schade. Das Finanzielle regeln die Kaufleute unter sich. Keine Trinkgeldchance. Während der Woche gehe ich anschließend zwei, drei Stunden in die Schule, danach stehen weitere Botengänge an.

Am Wochenende wartet ein besonderer Auftrag auf mich. Ein spezielles Angebot der Bäckerei: Sonntagslieferung zwischen sechs und sieben Uhr an Geschäfte, die Brötchen verkaufen. Ein Service, der im Kiez einmalig ist. Die Ware muss da sein, bevor die ersten Kunden kommen. Nur ein Job für Zuverlässige. Mein Pluspunkt.

Es gibt immer was zu tun. Bin ich in der Bäckerei und warte auf die Ware für die nächste Tour, sind Kartons zurechtzulegen oder Regale aufzuräumen. Oder ich darf auch mal einen Teig kneten.

Als kleiner Bengel will ich Spaß haben. Im Keller der Backstube liegen die Kartonagen. Ich nehme einen großen Karton, zerlege ihn zu einer flachen, großen Pappe. Aus dieser Pappe schneide ich einen mannshohen Körper, den ich im Übergang vom Ladenkeller zum Backstubenkeller aufhänge - und lasse ihn an einer Schnur baumeln.

Als ich die Woche darauf meinen Dienst antrete, empfängt mich die ältere Verkäuferin mit Flüchen und Verwünschungen. Alle anderen lachen und freuen sich. Erst als sie mir droht: „Dir reiße ich das Herz raus. Dann weißt du, was ein Herzschlag ist", fällt mir die Pappe ein. Ich kann mir ein Lachen nicht verkneifen.

Bei Ladenschluss zum Wochenende freue ich mich auf ein Ritual. Die Chefin fragt: „Was möchtest du haben?" Außer den fünf Mark Lohn bekomme ich immer noch das, was vom Tag übrig ist. Brotkanten, Kuchen und auch mal Tortenstücke, die das Wochenende eh nicht überleben würden.

Die Verkäuferin hat mich seit der Kellergeschichte auf dem Kieker. Packt sie mein Restepaket, haben Tortenstücke keine Chance. Wie zufällig werden sie alle zusammengedrückt – natürlich aus Versehen. Kein schöner Anblick. Damit kann ich niemandem eine Freude machen. Dann bitte ich im Tausch um ein dunkles Brot und ein Weißbrot.

•

Mit drei anderen Nachbarkindern kreisen wir, mit einer Hand die Laterne greifend, um dieselbe. Da spricht uns ein Oldie an – ungefähr 25 Jahre –, ob wir uns was verdienen wollen. Natürlich, bei mir ist er mit so einer Frage immer richtig. Zwei von den Jungs sind unentschieden; der vierte verschwindet, hat anscheinend von zu Hause genug Kohle.

Ich frage, was wir denn tun sollen. Ganz einfach, Reklamezettel in die Briefschlitze werfen. Damals gibt es noch keine Hausbriefkästen. Der Postbote muss täglich vier Stockwerke hoch- und runterlaufen, also können wir das auch. Meine Frage nach unserem Lohn löst einen Schwall von Erklärungen über Fleiß und Leistung aus. „Nach oben gibt es keine Grenze. Strengt euch an und die Münzen werden in euren Taschen klingeln."

Dem werden wir es schon zeigen, was Leistung ist und wozu wir fähig sind. Wir rennen ungeduldig los. Von seinem Geschwafel wollen wir nichts hören. Zwei Stunden treppauf und treppab. In jeden Briefschlitz kommt ein Blatt. Nach zwei Stunden sind wir fertig und erhalten 50 Pfennig in die Hand gedrückt.

Er sieht uns unsere Enttäuschung an. Erneut startet er mit seinen Ausführungen über Fleiß und Einsatz. Ich habe eine Idee. Aufgeben gibt's bei mir nicht. Man muss nur findig sein, das übe ich früh. Wir lassen uns noch einmal auf ihn ein, nehmen jeder einen neuen Stapel Blätter und gehen um die Ecke ins nächste Mietshaus. Die Kellertreppe steht offen. Mit Schwung flattern die Werbezettel die Stufen runter. Der Hauswart wird das Malheur sicher schnell entdecken und den Typen zusammenpfeifen.

Nach zwei weiteren Stunden - auf dem Spielplatz haben wir eine Runde Fußball gespielt - schleichen wir uns um drei Ecken in die Nähe des Ausgangshauses in der Wrangelstraße und staunen nicht schlecht. Der Typ ist weg, hat wohl das Weite gesucht. Die zweiten 50 Pfennig hätten wir eh nicht bekommen, da bin ich mir sicher. Unsere Lernerfahrung fürs Leben: Gib dich nicht mit Schwätzern ab.

Prinzenbad

Otto geht mit mir oft ins Prinzenbad. Dort bringt er mir das Schwimmen bei. Früh kann ich ausdauernd schwimmen. Mit Otto veranstalte ich gerne ein Tauchrennen. Ich jage ihn, er jagt mich. Am liebsten tauche ich nach Glitzerndem auf dem Boden des Beckens. Oft ist es ein 50-Pfennigstück.

Aber mal macht man Beute, ein anderes Mal wird man zur Beute. Als ich das erste Mal mit einem Vermögen von einer Mark alleine ins Bad gehe, lege ich meine Sachen unter ein Handtuch. Nach langem Tauchspaß freue ich mich auf eine schöne Portion Pommes. Aber die Mark ist weg. Der Rat: „Pass auf" ist gut gemeint, aber unter Wasser schlecht umzusetzen. Selbst wenn man den Dieb vom Sprungturm aus beobachtet, hat man keine Chance. Eine Lösung muss her. Ich kaufe mir eine Badehose mit Innentasche. Innentaschen mit Reißverschluss gibt es allerdings nicht. Jetzt weiß ich, woher die 50-Pfennigstücke auf dem Beckenboden stammen.

Meine Leidenschaft gehört dem Tauchen und das trainiere ich. Wozu weiß ich auch nicht, es macht einfach Spaß. Erst sehr viel später höre ich vom Apnoetauchen. Aber leider viel zu spät. Das wäre was gewesen.

Das Tauchtraining hat nur einmal einen Nutzen, in der sechsten Klasse. Das ist das einzige Jahr mit einer Eins im Sport für mich. Zu Beginn des Schuljahres bin ich der Einzige, der überhaupt schwimmen kann. Ich habe das ganze Schwimmerbecken für mich alleine und das Einer- und Dreiersprungbrett auch. Herrlich. Diese Stunden vergehen leider viel zu schnell.

Das Prinzenbad misst 50 Meter in der Länge. Kein Problem für mich, die Strecke zu tauchen. Das Hallenbad kann nur mit

25 Metern dienen – die mache ich erst recht mit links. Zum Jahresabschluss gibt es einen Wettkampf aller Schulen, bei dem auch die Eltern dabei sein dürfen. Als Fan an meiner Seite ist Mama dabei – juchhu!

Ich bin eigentlich für zwei Staffeln vorgesehen, Brustschwimmen und Ringtauchen. Der Lehrer entscheidet, ich solle die Ringtaucher anführen. Zwei Jungs, zwei Mädchen. Ich kenne die anderen nicht. Ich versuche, die Aufstellung zu organisieren. Dabei nervt mich der andere Junge. „Ich hole die Medaille. Ich muss sie haben", ruft er immer wieder siegesgewiss. Dem werde ich es zeigen.

Wir nehmen längst des Beckens Aufstellung. Ich stehe an der tiefsten Stelle, drei Meter neben mir der Pseudogewinner. Dann kommen die Mädels. Drei Mal tief Luft geholt und mit dem Pfiff geht es kopfüber ins Wasser. Acht von 20 Ringen liegen in meinem Revier. Kein Problem. Fünf stecke ich in meine Hose, drei halte ich in einer Hand. In drei Meter Tiefe mache ich gerade noch eine Drehung und sehe, wie die anderen drei langsam auftauchen. Ein Ring liegt noch am Boden. Also nix wie hin und den auch noch aufgeklaubt. Als letzter tauche ich auf und sehe gerade noch, wie einem der Mädchen bei der Übergabe ein Ring aus der Hand fällt. Wäre ich noch unter Wasser, hätte ich den Ring auch noch aufgefangen. Dann wäre der Sieg unserer geworden. So ergattern wir nur 19 Ringe und das bedeutet zweiter Platz. Ich bin mit neun Ringen die Nummer eins und bekomme Applaus. Immerhin. Großkotz erscheint auf einmal ganz klein und niedlich. Die Mädels tun so, als interessiere sie das alles nicht mehr.

Am liebsten wäre ich alleine geschwommen und getaucht. Dann hätte ich Sieg oder Niederlage alleine ausgemacht. Jetzt bin ich der eigentliche Gewinner und dann doch nicht so richtig. So ist das Leben. Am nächsten Schultag heißt es: „Lothar ist gut getaucht. Zeig doch mal deine Medaille." Ich komme mir dabei einfach nur blöd vor.

Das liebe Geld

Wie komme ich zu Geld? Eine Frage, die sich früh stellt. Eine Chance ergibt sich rein zufällig. Nach einem Western im Naunynkino in der Naunynstraße. Ein Platzanweiser spricht mich an, ob ich mir was verdienen möchte. Na klar, ich bin sein Mann. Ob ich Fahrrad fahren könne? Na klar.

Ich bekomme einen rostigen Drahtesel ohne Gangschaltung ausgehändigt und den Auftrag, damit die Wochenschau vom Naunynkino ins Oranienkino zu bringen. Die beiden Kinos haben versetzte Anfangszeiten, dadurch spart der Eigentümer die Miete für eine zweite Wochenschau. Die Strecke ist nicht weit, ein guter halber Kilometer vielleicht.

Ich bin begeistert, hinter die Kulissen eines Kinos zu schauen. Da gibt es riesige Projektoren, Filmrollen und Werkzeug zum Flicken der Filme. Beide Filmvorführer sind nett und zeigen mir im Laufe der Zeit, wie alles funktioniert. Nicht ohne Hintergedanken. Das ahne ich aber noch nicht.

Die Bezahlung ist bescheiden. Für jede Vorstellung bekomme ich eine Freikarte im Wert von 25 Pfennig. Nicht viel. Eigentlich viel zu wenig. Aber die Technik fasziniert mich. Alle Filme kann ich fortan umsonst sehen. Meine Begeisterung treibt mich an.

Ich sammele erst einmal Freikarten, verschaffe damit der Familie unvergessliche Freizeitstunden und verkaufe die meisten in der Schule für einen Groschen weiter. Ich bin stolz, meinen Eltern den Luxus eines Kinobesuches zu ermöglichen. Denn von alleine gönnen sie sich diesen Luxus nicht, dazu sind sie zu sparsam. An einen Fernseher, wenn überhaupt zu haben, denken wir noch lange nicht. Die Abendbeschäftigung meiner Eltern? Papa geht abends in die Kneipe, Mutter greift zur Bibel.

Mein Enthusiasmus und zuverlässiges Erscheinen begeistern beide Filmvorführer. Sie buhlen um mich. Sie erklären mir den Umgang mit den Projektoren. Nachher überlassen sie mir die Technik ganz – bis auf die zwanzig Minuten meines Pendelns von Kino zu Kino – und machen sich einen faulen Lenz.

Ein Film hat vier bis acht Rollen, jede Rolle 24 Bilder die Sekunde. Nach 20 Minuten ist eine Rolle durch. Dann muss sie gewechselt und zurückgespult werden. Das Filmmaterial ist sehr stabil und kann flott wieder zum Einsatz gebracht werden.

Mein Ehrgeiz, neue Rekorde aufzustellen, verursacht eines Tages einen Riss im Film. Das eine Ende flattert lose in der Gegend herum. Peinlich berührt stehe ich da, auweia. Film kaputt, das ist wohl das Ende der Vorführerkariere. Der Vorführer-Kollege lacht nur und zeigt mir, wie man einen Film zusammenklebt. Man schneidet um den Riss ein bis zwei Bilder ab, legt beide Enden in eine Klebemaschine, die genau die Bildabstände fixiert. Dann raut man die Enden auf und pinselt einen Kleber auf die aufgerauten Seiten, Enden zusammendrücken und fertig. Der Kleber ist so stark, dass er die Kräfte des Umrollens und des Projektors noch viele, viele Male aushält.

Ich schaue mir die herausgeschnittenen Schnipsel an und es kommt mir eine Idee. Ein Blinzeln hat 24 Bilder. Wenn da drei oder vier fehlen, merkt das beim Abspielen kein Mensch. Der Film muss nur an der richtigen Stelle reißen. Wenn ich nicht übertreibe und pro Film nur ein Bild aussuche, hat der Kollege nichts dagegen.

Eine neue Geschäftsidee ist geboren. Bilder von Schauspielern für die Mädels und Cowboy- und Ritterbilder für die Jungs sind in der Schule fortan der Hit. 50 Pfennig pro Bild bringen mein inneres geschäftliches Verhältnis zum Kinobesitzer wieder ins richtige Lot. Enttäuschend ist die Oberweite von Brigitte Bardot. An der Stelle haben sich schon andere Vorführer verlustiert und die Brust bildmäßig geplündert.

•

Ein regnerischer Tag. Das alte Wochenschau-Pendlerrad ist nass. Ich trete in die Pedale, rutsche ab und überschlage mich. Die Rolle mit dem Film liegt in der Pfütze. Meine Knochen tun weh. Am Kopf bildet sich eine Beule. Trotzdem steige ich wieder aufs Rad und erledige meine Tour. Komme aber zu spät und werde beschimpft. Und das für eine läppische Freikarte. Ärgerlich gehe ich nach Hause und lasse die zweite Vorstellung ausfallen. Mir brummt der Schädel, alles tut weh. Zwei Stunden später wird mir schwindelig und ich muss brechen. Vater rennt in seine Stammkneipe und ruft per Telefon den Krankenwagen. Ein eigenes Telefon haben wir nicht.

Man bringt mich ins Bethanien-Krankenhaus. Verdacht auf Gehirnerschütterung. Acht Kinder verschiedenen Alters liegen in einem Raum. Es ist lustig. Wir lärmen herum und haben unseren Spaß. Immer wieder werden wir zur Ruhe ermahnt. Die Tagesschwestern sind übrigens strenger als die Nachtschwestern.

Eine Nachtschwester ist ausgesprochen nett. Wir wollen wissen, zu wem sie als erstes geht. Alle Jungs glauben, Chancen bei ihr zu haben. Wenn sie den Raum betritt, stöhnen wir alle um die Wette, können uns vor vermeintlichen Schmerzen kaum halten. Wir alle wollen nur ihre Aufmerksamkeit und vielleicht ein bisschen Körpernähe.

„Jungs, ich erkläre euch mal was", so ihre Worte. „Wir Menschen sind Warmblüter und haben 36 Grad Körpertemperatur. Hier gibt es aber offensichtlich ein paar Hitzköpfe. Ich bin heut

Nacht alleine und habe eine Idee, wie ich euch helfen kann.“ Sie geht. Nach zehn Minuten kommt sie zurück und wirft jedem von uns im Dunkeln einen nassen Waschlappen ins Gesicht. „Ist das angenehm“, scherzt sie. „Ist das wie bei eurer Mama?“ Und mit einem Lächeln verlässt sie den Saal.

Wir haben jetzt alle ein nasses Kopfkissen und sinnen lautstark auf Rache. Solange, bis die Oberschwester kommt und droht, uns alle in den Keller zu schieben. „Den Schlüssel schmeiße ich weg. Dann könnt ihr sehen, wo ihr bleibt.“ Bei diesen Aussichten wird uns ganz flau. Wir kapitulieren und fügen uns in unser Schicksal.

Seelenheil

Meine Sonntage sind gefüllt mit missionarischem Königreichsdienst bei den Zeugen Jehovas. Man geht erst von Tür zu Tür, danach steht eine Versammlung von rund zwei Stunden auf dem Programm. Eine Stunde Wachtturm lesen, Texte durcharbeiten, ernste Fragen stellen und sich Antworten abquälen. Höhepunkt des Tages: der mindestens 60-minütige Vortrag eines Gastbruders.

Ein ganz normaler Sonntag. Vater wehrt sich. Mutter ist Feuer und Flamme. Ich habe nichts anderes vor. Die Menschen bei den Zeugen sind alle sehr nett, hilfsbereit und aufgeschlossen. Immer. Allerdings wird wirklich jede Frage nach den biblischen Grundsätzen abgewogen. Ein Beispiel: Du verstrickst dich in ein materielles Dilemma, dann kommt das fünfte Gebot zum Tragen – du darfst nicht begehren des anderen Hab und Gut. Die Fallstricke lauern überall, das habe ich schnell erkannt. Auch bei ganz alltäglichen Vorfällen. Bekommst du Blutwurst vorgesetzt, die du nicht magst, kommt eine Ablehnung einer Beleidigung nahe. Dann hast du ein Problem. Auch keine Option: sich als Vegetarier herauszureden. Damals in der Wirtschaftswunderzeit hätte man nur erstaunte Blicke geerntet und wäre zum Arzt geschickt worden.

Nach der Meinung der bibelforschenden Zeugen gehört das Blut als Saft des Lebens ausschließlich Gott. Nach ihrem Verständnis darf weder Tier- noch Menschenblut in irgendeiner Weise oder egal zu welchen Zwecken genutzt werden. Auch Blutplasma als Bindemittel bei Würsten ist verpönt. Was mach ich dann aber bloß mit meiner liebsten Grundnahrung – den

Currywürsten? Fazit: Jeder ist letztlich mit seinem Gewissen allein.

•

Wie komme ich eigentlich zu den Zeugen Jehovas? Damals knapp zwölf Jahre alt, warte ich als Protestant gerade auf meine Einsegnung. Eines Tages stehen zwei ältere Damen vor unserer Haustür und fragen meine Mutter, ob sie die Bibel kenne. Sie fast schon beleidigt: „Natürlich kenne ich die Bibel." Um das zu beweisen, lässt sie die Frauen herein. Schnell muss Mutter erkennen, dass es mit ihrem Wissen nicht weit her ist.

Über die zehn Gebote, nach denen sie lebt, und das Vaterunser kommt sie nicht hinaus. Zwischen Himmel und Hölle kann sie auch unterscheiden, aber da gibt es noch Tausende von Fragen, die Schwester Strauß ihr mit Geduld offenbart. Die Genesis. Im Anfang schuf Gott Himmel und Erde, das Licht, die Pflanzen, die Tiere des Meeres, die Landtiere und den Menschen. Was für Gott ein Tag ist, dauert für uns Menschen 1000 Jahre. Am siebenten Tag sollst du ruhen, so sein Gebot. Und um selbst seine Ruhe zu haben, überließ er uns die Erde mit der Aufforderung, sie uns untertan zu machen. Das ging gehörig schief. Nach dem Gedöns mit Adam und Eva wurde er oft in seiner Ruhe gestört und musste hier und da eingreifen.

Die Zeitrechnung begann mit der Übergabe der Welt an Adam. 4000 Jahre nach Adam kam Christus, um zu retten, was noch zu retten war. Auch das ging schief. Die Verheißung des Paradieses sollte 1975 eingelöst werden. Man nahm an, dass Adam bei seiner Erschaffung die Konstitution eines Fünfundzwanzigjährigen hatte. Das sollen Archäologen zumindest aus Knochen und Erdschichten herausgelesen haben. Na ja, wer's glaubt, wird selig. Irgendwo, wenn Wissen fehlt, setzt der Glaube ein.

Es ist nicht viel Glauben in mir. Ich werde in den Protestantismus hineingeboren und habe nur wenig Religionsunterricht genossen. Liebe zu lehren und Liebe zu leben sind zweierlei. Das habe ich früh begriffen. Mildtätigkeit zu lehren und Kollekten zu veranstalten, hat etwas Kapitalistisches. Über den Widerspruch habe ich lange nachgedacht.

•

Ein Klassenkamerad – er ist Katholik – hat mich eingeladen, mit ihm eine Messe zu besuchen. In der katholischen Kirche gibt es viele einschüchternde Rituale, stocksteife Vorhaltungen und beängstigende Drohungen. Bei denen läuft alles über die Mutter Maria. Oder die vielen Heiligen; außergewöhnliche Menschen, die heiliggesprochen wurden, damit man sie anbeten kann. Wie verhält sich das mit dem Gebot „Du sollst keine anderen Götter haben neben mir"? Da sind mir die Zeugen Jehovas lieber. Dort wird das Gebet von Gott nur dann erhört, wenn man ihn über Jesus Christus anruft. Das ist plausibel, denn Christus ist für uns gestorben. Das ist eine respektvolle Haltung gegenüber Christus.

Was ich bis heute nicht begriffen habe, sind die einhundertvierundvierzigtausend Auserwählten, die im Himmel neben dem Sohn Gottes sitzen. Der Rest der Gläubigen bleibt auf der Erde, welches zum Paradies verwandelt ist, nachdem Harmagedon die Menschheit gerichtet hat.

Was ist das Paradies? Braucht man nicht mehr zu arbeiten? Wer macht mir das tägliche Essen? Wenn man ewig lebt, müssen Unfälle ausgeschlossen sein. Wer behütet uns? Haben wir alle einen persönlichen Engel? Der Gedanke, ewig zu leben, hat seinen Reiz. Keine Frage. Dafür lohnt sich ein bisschen Glaube.

Am meisten Spaß macht das Alte Testament. Da ist Aktion, da ist was los. In seinen Mußestunden hatte Gott noch Freude, die Geschicke der Menschheit zu beeinflussen. Mit dem Tod seines Sohnes und der Zerstörung seines Tempels hat er wohl die Lust verloren. Sollen die zwölf Apostel das mal richten. Das Neue Testament hätte trotz aller Gefühlsduselei eine Chance auf große Bedeutung, wenn sich die Menschheit an die Botschaften halten würden. Aber das ist wohl eher ein hehrer Wunsch.

•

Im Königreichssaal fühle ich mich wohl. Es fällt kein böses Wort. Es wird sogar gescherzt. Man sitzt nicht nur entrückt und mit beseelter Miene im Gebet vertieft zusammen. Niemand wird wegen eines Makels gehänselt. Jeder darf darauf vertrauen, respektiert zu werden. Man hat auch nie das Gefühl, dass hinter dem eigenen Rücken getuschelt oder man für etwas gerichtet wird. Man lebt irgendwie schon in Vorbereitung auf das Paradies.

Dienst für Gott zu leisten, heißt auch, auf einer belebten Geschäftsstraße mit dem Wachtturm in der Hand zu stehen und mit einem Lächeln auf gesprächsbereite Menschen zu warten. Mir ist das einfach nur peinlich. Die Vorstellung, Klassenkameraden sehen mich – mein Leben wäre ruiniert, das Paradies unendlich fern.

Stelle ich das Rad schräg, komme ich mühsam auf die Mittelstange. Der Sattel bleibt allerdings unerreichbar. Aber was soll ich auch mit dem Sattel, der ist viel zu groß. Ich hocke mich auf die Mittelstange und radele los. Wenn mein Vater mich erwischt, schimpft er und schließt das Rad weg.

Meine große Chance kommt, wenn er sich in der Kneipe festgesoffen hat und nicht mehr fahren kann. Dann darf ich das Rad nach Hause schieben. Wohlgemerkt schieben, auf keinen Fall fahren. Vater ist ein stämmiger Mann. Voll mit Wermut macht er keine gute Figur, ist allenfalls schwankend, keinesfalls behände unterwegs. Mein Moment – ich schwinge mich aufs Rad und genieße die Viertelstunde, die ich durch SO 36 radele. Ich weiß, dass Vater es gerade so ins Bett schafft. Ich drehe in aller Ruhe meine Runden und stelle das Rad im Hof ab. Am nächsten Tag kann sich Vater an nichts mehr erinnern.

Bruder Otto fährt schon eine Vespa. Er hat Mitleid mit mir und dem viel zu großen Rad. Er schenkt mir einen Tretroller. Und bringt mir ein paar Verkehrsregeln bei. Ottchen will, dass ich im Verkehr klarkomme, auch wenn es noch nicht viele Autos gibt. Seine Fürsorge resultiert wohl aus eigener schmerzlicher Erfahrung. Sein bester Freund wurde von einem Laster überfahren, kam mit dem Kopf unter einen Zwillingsreifen.

Der Roller ist zwar kein Fahrrad, aber ein fahrbarer Untersatz, mit dem ich mich fortbewegen kann. Besser als das Riesenrad meines Vaters. Seinen Nutzen zeigt der Roller bei der Beschaffung von Geld.

Mein Vater hat mal wieder eine neue Geldquelle aufgetan. Er treibt Zeitschriftengebühren und Versicherungsgebühren ein.

Cash auf die Hand. Damals gang und gäbe. Das Geld in der Lohntüte ist ja auch ganz real. Jeden Freitag kassieren wir sein Gebiet zwischen Oberbaumbrücke und Hermannplatz ab. Wir klingeln an den Türen der Abonnenten. Sind sie da, wandern Scheine und Münzen in unsere Taschen. Sind sie nicht da, wird die folgende Woche doppelt abgerechnet.

Irgendwann fällt mir auf, dass alle meine Kunden in der ersten Etage wohnen – oder weiter oben. Mein eher lauffauler Vater sucht sich gezielt die Zahlscheine der Kunden heraus, die Parterre wohnen. Mir überlässt er die Treppenläufe. Natürlich ist er viel früher fertig mit seiner Tour. Ich finde ihn dann im Zigarrenladen, wo er mit dem Inhaber quatscht. Mit dem Wermutglas in der Hand pafft er meist schon eine Zigarre. Pegelstand des Glases und Zigarrenstumpf zeigen an, wie lange er es sich schon gut gehen lässt.

Egal, er steckt sich die Provisionen ein. Mir gehören die Trinkgelder. Für die Zeitungen und Illustrierten sind Gebühren zwischen 40 und 75 Pfennige fällig. Immer zu Ultimo kommen die Sterbegeldversicherungen von rund einer bis zu vier Mark dazu. Das klingelt richtig in den Taschen. Am liebsten sind mir die krummen Summen, die werden von den Kunden aufgerundet. Runde Summen lohnen nicht, selbst wenn ich vier Etagen hochmuss. Am Ende einer Tour bin ich mit drei bis fünf Mark, manchmal sogar zehn, reich.

Damit kann ich mir jedes Spielzeug selbst kaufen und brauche nicht auf irgendwelche Feiertage oder Geburtstage zu hoffen, die dann doch meist nicht das Ersehnte bringen. Zinkguss-Silberpfeil-Rennautos stehen bei den Jungs hoch im Kurs. Schlichte Hohlgusse, unten offen. Diese primitiv hergestellten Autos werden getunt, richtig aufgemotzt. Wir füllen sie mit

Knete aus, richten sie auf Achsen aus und bestreiten so mit anderen Kindern auf der Bordsteinkante ein Rennen. Die Knete dient als Bremse, wenn der Renner etwas von der Linie abkommt und von der Kante abzustürzen droht. Fällt ein Auto runter, hat derjenige verloren. Mit der Knete meiner Trinkgelder bin ich der King – und Herrscher über den größten Rennstall an Zinkguss-Silberpfeilen.

Silvester

Berlin vor 1989. Die Sonne geht im Osten auf und im Westen unter. Das habe ich früh gelernt. Aber mit dem Osten und dem Westen ist das so eine Sache in Berlin. Schillingbrücke in Berlin-Friedrichshain. Hier verläuft eine der harten Grenzen zwischen Osten und Westen. Politisch gesehen. Die Russen kommen aus dem Osten und wir, die anderen, vom Westen. Unter den Siegern des Zweiten Weltkrieges wird die Stadt aufgeteilt. Wo die Russen sind, ist eben Osten. Der Rest ist Westen. Das soll mal jemand verstehen. Wir in West-Berlin sind rundum vom Osten umgeben.

Es ist immer ein komisches Gefühl, wenn wir meine Schwester Ruth in Ost-Berlin besuchen. In unserer Kreuzberger Manteuffelstraße wird ein Haus nach dem anderen wieder aufgebaut. Unsere Spielplätze, die Ruinen, verschwinden nach und nach. An ihrer Stelle wachsen Neubauten in die Höhe. Die Gasstraßenlaternen geben ein angenehmes, gelbes und ausreichend helles Licht.

Nichts davon, wenn wir die Grenze überqueren und das kleine Wachpostenhäuschen hinter uns liegt. Es ist gespenstisch dunkel im Osten. Das Licht der Laternen reicht noch nicht einmal, um den eigenen Sockel zu beleuchten. Alles ist düster – und kaputt. Die Häuser scheinen immer noch im Krieg zu sein, obwohl hinter den Fenstern Licht brennt. Es gibt gerade so viel Licht, dass man nicht stolpert. Dazu kommt hin und wieder eine Stromsperre, um die bösen Deutschen zu züchtigen und zum Sparen anzuhalten. Schwester und Verwandte und Freunde im Ostteil holen dann mit stoischer Miene ihre Kerzen raus und lassen sich nicht in ihrem Tun beirren.

Dieses flackernde Kerzenlicht macht mir Angst. Die Schatten der Gegenstände bewegen sich. Gerne gehe ich nicht mit nach drüben. Gegenwehr nutzt aber nichts, regelmäßig werde ich mitgeschleppt. So auch an einem Silvester. Diesmal freue ich mich sogar. Ich habe vorgesorgt. Eine Tüte voller Pfennigknaller lagert in meiner Hosentasche, daneben ein Böller für eine deutsche Mark.

Die Pfennigknaller sind in Reihe mit den Zündschnüren verbunden. Alle auf einmal abknallen? Nein, der Spaß wäre zu kurz. Also brösele ich alles auf und zündele die Knaller einzeln. Bei leichtem Wind übersteigt die Zahl der Zündhölzer deutlich die der Knaller. Aber warum stehe ich eigentlich alleine in meinem Wintermäntelchen auf der Straße? Ist nichts mit meiner Vorstellung, dass sich alle Leute draußen drängeln wie bei uns im Westen. Ich mühe mich ab, die winzigen Böllerchen anzuzünden, da kommen zwei große Jungen vorbei und meinen: „Guck mal, en Wessi, die können nicht anders." Jetzt weiß ich, ich bin ein Wessi. Was auch immer das sein mag.

Otto ist nicht so besoffen wie sonst, als ich ihn aus der Kneipe abhole, hat aber doch ziemlich einen sitzen. Vielleicht ist der Alkohol im Osten ja auch rationiert oder verwässert? Zumindest kann Otto noch laufen. Und ich habe immer noch meinen Superböller in der Tasche. Leider keine Streichhölzer mehr. Wird er wirklich so laut knallen, wie es auf der Verpackung verheißungsvoll geschrieben steht? Auf der anderen Seite weine ich heimlich der Mark nach. Aber was soll das Ganze? Umtausch ausgeschlossen.

Mutig gebe ich das Ding dem Vater. Eine halbe Zigarre hängt ihm im Mundwinkel. Auch auf die Gefahr, dass jemand brüllt: „Hey, du Wessi", bitte ich ihn: „Anzünden." Gesagt getan. Er stellt den Böller fachgerecht auf einen am Straßenrand stehenden Holzstapel und hält die Zigarre dran. Als es zischt, rennt er weg und stolpert der Länge nach hin. Was für ein Spaß. Doch noch ein Highlight in dieser Nacht.

Der Knall geht bei der ganzen Aktion unter. Klar ist, dass mein Vater niemals ein echter Soldat gewesen sein kann, sonst hätte er so einen Knall doch mit links weggesteckt.

In der Lehre

Ich träume davon, eine Lehre als Grafiker zu machen. Der Vater eines Klassenfreundes ist Grafiker und fotografiert auch. Das ist mein Metier. Meine Bilder gefallen ihm. Meine Enttäuschung ist groß, als ich erfahre, dass er mich nicht als Lehrling nimmt. Er ist in Berlin der Einzige, der eine Ausbildung anbietet und kann sich vor Bewerbungen kaum retten. Alle Bewerber können gut zeichnen und weisen bessere Schulnoten vor als ich. Die bittere Pille muss ich schlucken.

Eine Alternative: Kino-Plakate malen. In der Köpenicker Straße gibt es das Stella-Kino. Jede Woche wird ein überdimensionales Bild des aktuellen Hauptfilms aufgehängt. Ich passe die Zeit ab und treffe den Maler an, der gerade sein nächstes Bild platziert. Frage ihn, ob ich bei ihm in die Lehre gehen kann. „Junge, das wird schwierig. Diese Malerei hat keine Zukunft mehr. Ich weiß selbst nicht, wie lange ich noch zu tun habe. Die Kinos können sich uns nicht mehr leisten. Das Fernsehen hält die Kunden im Wohnzimmer fest, es kommen immer weniger Zuschauer."

Blöd, soll ich vielleicht als Postkartenmaler enden? Einen Versuch wage ich noch. Wie sagte mein Zeichenlehrer einmal so schön zu mir: „Du hast eine gute Farbempfindung, geh doch mal zur Malerinnung." Ich folge dem Rat mit flauem Gefühl. Muss ich mich dort vielleicht auf drei Farben beschränken – Rot, Blau, Gelb?

Ich werde mit offenen Armen empfangen. Man ist freundlich zu mir, schaut aber nur oberflächlich auf meine mitgebrachte Collage. „Junge, Deutschland ist im Aufbau. Die Wirtschaft brummt. Wir brauchen Maler und Anstreicher." Ich: „Was soll das, das kann ich schon. Das hat mir mein Bruder beigebracht. Und noch mehr, ich kann auch tapezieren.“

•

Es kommt die große Stunde meines Vaters. Von meinen Träumen will er nichts wissen. Er sieht die bildnerische Gestaltung, egal welcher Art, als brotlose Kunst. Für ihn zählt nur das Handwerk. „Nach der schrecklichen Schule musst du deinen Mann stehen“, drohte er einst.

Wir satteln die Fahrräder und radeln durch Kreuzberg. Es gibt viele kleine Handwerksbetriebe, die in Hinterhöfen angesiedelt sind. Vater fährt dreist mit dem Fahrrad vor, geht in die Firmen, erklärt mir ihre Arbeit und fragt jedes Mal: „Gefällt dir das?“ Sein Auftreten gefällt wiederum so manchen Handwerker nicht. Ist Vater Otto aber egal. Dann ruft er nach dem Chef, stellt uns vor und fragt nach einer Lehrstelle. Zwischenzeitlich schaue ich mich im Betrieb um und signalisiere ihm, ob mir der Laden zusagt oder nicht.

Wir landen irgendwann in einer Schlosserei. Hier stehen Metalle in jeglicher Form herum – viele rostig und schmuddelig. Nichts für mich. In einer Taxameterfabrik, sie stellen die ersten elektronischen Bordrechner für Taxen her, ist dagegen alles ordentlich und sauber. Unser Zug durch die Handwerksbetriebe geht aber weiter. Ich lerne Tischler, Glasereien und Autowerkstätten kennen. Das geht vier Tage so. In der Wiener Straße finden wir im Hinterhof, zweiter Stock, eine kleine Firma für Messgeräte; alle Produkte sind handlich und sauber gearbeitet. Die Maschinen faszinieren mich. Es kribbelt mir in den Fingern. Was könnte ich hier alles basteln. Das merkt auch der Meister und bittet uns in ein kleines Beratungszimmer.

Als er meine Zeugnisse sieht, verdunkelt sich sein Gesicht. Inzwischen hat sich auch der Chef der Firma dazugesellt. Ich sehe Skepsis. Ob aus Trotz oder Wagemut – ich weiß es nicht – auf jeden Fall ergreife ich das erste Mal das Wort. „Im Werken habe ich doch gute Noten." Kurze Pause. „Na gut, wir können es ja mal versuchen", meint der Meister. Der Chef ist vorsichtig: „Die Probezeit setzen wir mal auf ein halbes Jahr an."

Mir egal. Ich bin froh, endlich etwas gefunden zu haben, das zu mir passt. Der Chef ist froh, eine billige Arbeitskraft zu gewinnen. Mein Vater ist froh, endlich die Suche beenden zu können. Also eine Win-Win-Win-Situation. „Wenn er nicht spurt, können Sie ihm ruhig eins hinter die Ohren geben", verabschiedet sich Otto. „Das machen wir nicht", entgegnet der Meister zu meiner Erleichterung.

Jetzt bin ich jeden Tag acht Stunden beschäftigt. Dazu kommt die Zeit von zwei Pausen. Meine Freizeit ist erheblich beschnitten. Alles halb so wild angesichts des erhebenden Gefühls, im Monat 82 Mark als Anfangsgehalt zu verdienen. Auf dieses erste offiziell erarbeitete Geld muss ich eine gefühlte Ewigkeit warten. Der Monat ist lang, der Achtstundentag auch.

Mein Zeitgefühl kommt in die Bredouille. Der persönliche Spielraum zwischen Arbeit und Versammlung der Zeugen Jehovas wird verdammt eng. Meine Nebeneinkünfte in der Woche – mehr davon später – fallen völlig aus. Nur der Samstag steht jetzt noch für Zusatzjobs zur Verfügung.

Tugenden wie Ordnung, Pünktlichkeit, Zuverlässigkeit, Ehrlichkeit und Fleiß werden zu Hause und in den Versammlungen der Gemeinde ständig gepredigt. Sie sind bei mir fest verankert. So gehe ich mit stoischer Gelassenheit in die Lehre. Sorgen mache ich mir keine. Sicher – mein Herz gehört der bildenden Kunst. Aber der handwerkliche Beruf wurde mir in einer Handwerkerfamilie natürlich mit der Muttermilch als einzig mögliche Grundlage des Lebens vermittelt. Künstler sind Hungerleider, so die feste Überzeugung.

•

Der erste Tag in meinem neuen Leben. Sieben Uhr früh raus aus den Federn. Eine Stunde eher als zu Schulzeiten. Meine Mutter bringt mich in den Betrieb. Ich fühle mich ein bisschen wie ein Erstklässler. Der Weg von zu Hause bis zur Werkstatt ist kurz. Für Mutter ist der Tag wichtiger als für Vater. Sie entlässt mich quasi in den Ernst des Lebens. Am Hofeingang gibt sie mir einen Kuss auf die Stirn und murmelt: „Mach mir bloß keine Schande.“ Mir ist das peinlich. Zum Glück sieht uns niemand.

Ich laufe über den Hof ins Ungewisse hinein. Keine Vorstellung von dem, was mich erwartet. In Erinnerung habe ich die tollen Maschinen. Ob ich da schon ran darf? Ich laufe die geräumigen Granittreppen hinauf. Sie umschließen einen Eisenkäfig, in dem ein offener, rumpelnder Fahrstuhl laufmüde Besucher nach oben oder unten schaukelt.

Dann stehe ich im zweiten Stock vor einer schmiedeeisernen Tür, mein Herz klopft. Ich komme mir vor wie in einem Ritterfilm. Was erwartet den Helden hinter der schweren Tür? Hoffnung oder Verderben? Ist der Meister so nett wie bei der Vorstellung? Oder plustert er sich auf wie so viele andere, die wir bei der Lehrstellenrundfahrt erlebt haben? Wegrennen geht nicht mehr.

Ich drücke die schwere Messingklinke runter und schleiche vorsichtig hinein. Niemand da. Rechts ein kleines Zimmer mit geschlossener Tür. Im Türfensterchen erblicke ich eine nett aussehende junge Frau an einer Schreibmaschine tippen. Um sie herum Stapel von Papieren. Ich will anklopfen, da höre ich hinter mir eine freundliche Stimme: „Guten Morgen. Du bist sicher unser neuer Mitarbeiter.“ – „Wie nett“, denke ich, drehe mich um und sehe einer alten Dame mit gutmütigem Gesicht in die Augen. „Dann komm mal mit.“

Wir gehen einen Gang entlang. Er ist ein bisschen verkommen und dunkel. Hinter einem Spind steht eine riesige Uhr mit einer Tiefe von über einem Meter. Sie besitzt nur einen Zeiger, der am Ende einen zur Uhr zeigenden Stift trägt. „Das ist eine Stechuhr“, meint die alte Dame. „Wenn du morgens kommst, dann nimmst du die Nadel und drückst sie in das Loch, die deiner Ankunftszeit entspricht.“ Im düsteren Licht sehe ich die Löcher, die unter den Ziffern des Rades eingebracht wurden. Neben der Uhr führt eine Tür mit Fenster wieder in die Werkstatt. Die Tür geht auf und Maschinenlärm empfängt mich. An jeder Maschine arbeitet ein Mitarbeiter. Drei von ihnen sind Lehrlinge, das erfahre ich später. Alle Maschinen sind besetzt. „Wo ist meine Maschine“, denke ich. Ich bin enttäuscht.

Von meinem Standort an der Tür der Werkstatt sehe ich rechts eine lange Fensterfront mit Werkbänken. Links befindet sich der Raum mit den Maschinen. Von der Mitte der Fensterfront kommt der Meister auf uns zu und begrüßt mich. Er nimmt die Hand hoch und alle stellen ihre Maschine ab. Eben noch ohrenbetäubender Lärm, jetzt Stille. Man versteht wieder sein eigenes Wort. „Hoffentlich muss ich jetzt nicht ein Gedicht aufsagen“, denke ich in Erinnerung an meine Schultage. Die Situation hat etwas Düsteres an sich. Alle Augen sind auf mich gerichtet – und weit und breit keine Höhle, in die sich der Ritter verkriechen kann.

Der Meister stellt mich vor. „Seid kollegial zu Lothar“, mahnt er. Für mich eine neue Art des Umgangs. Jeder der neuen Kollegen begrüßt mich mit Handschlag. Diese Prozedur wird jeden Morgen zelebriert. Das Eis ist erst einmal gebrochen. Der Meister, Hoppe sein Name, geht mit mir an eine der Fensterwerkbänke. „Das ist dein Platz.“ Zieht eine Schublade auf, in der Feilen, Schraubenzieher, Zangen und Messgeräte liegen. „Das Werkzeug hast du pfleglich zu behandeln und dein Platz muss immer sauber sein.“ Wumms, in Gedanken höre ich meine Mutter sprechen. Hört das denn niemals auf mit den ewigen Vorhaltungen?

„Hast du dieses Handwerkzeug schon mal gesehen?“ – „Ja, im Keller meines Vaters. Ich habe damit auch schon öfter gebastelt.“ An seiner Miene sehe ich, dass er von Bastelei nichts hält. Zum Glück bin ich noch zu gehemmt, sonst hätte ich ihm noch von der Krippe aus der Schulzeit erzählt und hätte gleich meinen Stempel als Angeber weg. Wäre kein guter Einstieg gewesen.

„Dann wollen wir mal sehen, was du im Keller so gelernt hast.“ Er nimmt ein kleines Aluminiumblech in die Hand. Das Blech ist 20 mal 50 Millimeter groß und zwei Millimeter dick. Mittig zwischen die Seitenkanten sowie Ober- und Unterkante gehört ein Loch von vier Millimetern rein. Über dem Loch soll dann aus optischen Gründen ein Radius gefeilt werden. Er macht mir ein Teil vor und bringt dann 100 Bleche zum Üben. Mir macht das Ganze Spaß, auch wenn ich an keine der Maschinen darf.

Morgens 9:30 Uhr ist die erste Pause, 12:30 Uhr die zweite. Eine halbe Stunde vorher bekomme ich als jüngster Lehrling die Order, mir einen Holzkasten zu schnappen und das Frühstück für alle einzukaufen. Ich frage jeden, was er wünscht, und laufe zum nächstgelegenen Lebensmittelgeschäft oder zum Fleischer, um den Wunsch nach einer abgehangenen Knackwurst zu erfüllen. Andere wollen knusprige Brötchen oder brauchen frische Milch, die ich in ihre mitgebrachten Flaschen füllen lasse. Mit der Zeit werde ich vor dem Zeitungsladen zum Witzeerzähler - einfach, um ein bisschen Zeit für mich rauszuschlagen, bevor es zurück in die Werkstatt geht.

Bei der Zusammenstellung des Einkaufszettels lächelt vor allem einer - Jürgen, ein gutaussehender, schlanker, junger Mann. Jürgen war vor mir Laufjunge und ist froh, diese lästige Pflicht weiterzugeben. Mir macht das Ganze nichts aus. Im Gegenteil - auch hier bietet sich die Gelegenheit für ein kleines Geschäft. Jeder Einkauf mit zweieinhalb Literflaschen bringt mir zwei Pfennig Gewinn. Der Liter Milch kostet 37 Pfennig. 19 Pfennig nahm ich den Jungs ab. Auch Kleinvieh macht Mist, nach dieser Devise bin ich mir auch für kleine Verdienste nie zu schade. Als ich das zu Hause erzähle, heißt es: „Lehrjahre sind keine Herrenjahre.“ Was soll mir das bloß sagen?

Es ist ein anderes Leben, in das ich mich mit der Lehre hineingewöhne. Neun Stunden bin ich von zu Haus weg. Am Wochenende arbeite ich als Bote beim Bäcker und sonntags steht der Königreichsaal an.

Immer mehr Schulkinder und Nachbarskinder ziehen weg, wenn es den Eltern beruflich besser geht. In SO 36 zu wohnen, gilt als Schmach. Viele wollen dieser entgehen. So wird es langsam ruhig um mich herum. Nur hin und wieder treffe ich mal einen alten Kameraden, der wie ich mitten in der Krise der Pubertät steckt.

Linkisch und ratlos wissen wir nichts so richtig mit uns anzufangen. Aufklärung? Gibt's nicht. In viele Kneipen oder Bars kommen wir nicht – weil es uns an Geld oder Jahren fehlt. Die Musik der Beatles begeistert gerade die Welt. Die vier Pilzköpfe aus Liverpool spornen viele an, mit ihrer Kunst die Bühnen dieser Stadt zu stürmen. Durchschnittsmusiker, wohin man blickt. Jede Kneipe braucht eine Band.

Ich treffe mich mit Jürgen. Er erzählt mir von seinem Fußballverein, bei dem er linker Verteidiger ist. Lässig legt er mir eine Zeitung vor, in der seine Sportgaststätte gepriesen wird. Er zeigt auf ein Mädchen auf einem Foto und berichtet mit stolz geschwellter Brust, dass er sie am Wochenende entjungfert hat. Das ist genau das, was mein hormongesteuertes Hirn jetzt braucht. Vielleicht sollte ich auch einem Verein beitreten?

Hat Jürgen etwas erlebt und will es der Welt mitteilen, ist er zugänglich. Ansonsten wirkt er wie ein Stiesel vor dem Herrn und spricht kein Wort. Ein Teamplayer – wie passt das zum Fußball? – ist er nicht. In der Firma ist er sonderbar.

Manchmal verordnet der Meister eine Zwangszusammenarbeit. Jürgen muss an seiner Drehbank Rohlinge auf Maß bringen, ich an der anderen Drehbank dann mittig ein Loch bohren. Jürgen zieht das Tempo an, immer schneller dreht er seine Teile, stapelt sie zu schnell wachsender Höhe. Ich muss mich sputen, um hinterherzukommen. Ich will nicht den Eindruck erwecken, ich sei langsam. Es beginnt ein Wettlauf, den keiner gewinnen kann. Dem Chef gefällt unsere persönliche Olympiade nicht. Er prüft unsere Teile und staucht uns zusammen, weil unsere Werkstücke aufgrund der Eile an manchen Stellen schief und unsauber ausfallen. Das passt nicht zum Stil des Hauses.

Jürgen ist unkalkulierbar. Wenn ich mit meiner Einkaufskiste komme, werde ich mal angelächelt oder erhalte lediglich ein missgelauntes Gebrabbel. Im Grunde ist er mir egal. Die anderen Kollegen sind charakterlich konstanter. Und hilfsbereiter. Aber klar, eine Werkstatt ist kein Plauderverein. Demzufolge erfährt man wenig Menschliches. Gibt es mal eine Gelegenheit, ohne Maschinenlärm zusammenzukommen, lausche ich den Träumen der anderen Lehrlinge. Ich bin der Jüngste. Mir kann man alles erzählen. Ich habe keine Ahnung.

Keiner will später am Schraubstock sterben, wie es anscheinend der Meister vorhat. Die Älteren, die sich mit ihrem Schicksal abgefunden haben, erzählen am liebsten von ihren Kriegserlebnissen. Ein Veteran hat nur ein Bein. Das andere wurde ihm in Russland von einem Panzer aus den eigenen Reihen bei einer Drehung abgequetscht. Mit dem Stumpf hat er sich arrangiert. Mit eigens entwickelter Technik ist er erstaunlich schnell unterwegs.

Mädchen

Mädchen beherrschen meine Gedanken. Zum Beispiel die zwei Schwestern von Kumpel Peter. Bildhübsch beide, die eine älter, die andere jünger als er. Ich verliebe mich sofort in beide, auch wenn ich nicht genau weiß, was das eigentlich bedeutet. Die Ältere hat schon einen Freund und ist schwanger. Schade. Die andere – Isis - entpuppt sich als Bettpuppe. Sie liegt den ganzen Tag im Bett. Arbeit ist für sie ein Fremdwort. Alles wird von Mutti erledigt. Ihre einzige Hingabe gilt der hochtoupierten Frisur. Ihr Ein und Alles. Die darf auf keinen Fall beim stundenlangen Liegen leiden. Selbst beim Besuch von Fremden bleibt sie ungeniert im Bett liegen. Und das als junges, hübsches Mädchen. Vielleicht liegt es an der räumlichen Enge. Drei Zimmer für Mutter, drei Kinder und die Oma. Eigentlich liegt immer jemand im Bett, wie selbstverständlich, schließlich will man sich nicht gegenseitig auf den Füßen stehen. Ich bin Omas erklärter Liebling, weil ich zuhören kann. So erfahre ich immer wieder Neues aus ihrem Leben.

Ein Dreigenerationenhaushalt ist nichts Ungewöhnliches in den 1960ern. Ungewöhnlich sind die Menschen wie Isis. Sie lässt sich auch nicht mit einem Kinobesuch aus dem Bett locken oder mit einer Einladung ins Gasthaus „Wienerwald“. Ihr Körper kommt nur ins Aufrechte, wenn sie ins Bad muss. Unter dem Nachthemd erkenne ich einen tadellosen Körper. Körperlich behindert ist sie also offensichtlich nicht. Auf der Arbeit meint Bohnenstange nur, als er mal wieder gute Laune hat: „Wenn sie schon im Bett liegt, worauf wartest du da?“ Ich bin ratlos. Was soll ich seiner Meinung nach tun? Oder was ist, wenn die Oma um die Ecke kommt? Ich spüre schon ein gewisses Verlangen, aber die Selbstverständlichkeit, mit der Isis ihre Faulheit zur Schau stellt, schreckt mich ab.

•

Gedanken um Mädchen sind in meinem Alter belastend und vor allem bei der Arbeit gefährlich. Der Meister führt mir vor, wie man einen Abdeckring aus Messing mit einer Schwabbelmaschine auf Hochglanz poliert. Der Ring alleine ist etwas instabil. Er wird auf eine Fassung geschoben, die den Umfang des dafür vorgesehenen Messgerätes hat. Zirka 25 Zentimeter im Durchmesser, hohl und auf der einen Seite offen. Die runde Wölbung soll auf der Bodenplatte poliert werden. Dass der Auftrag einen Sinn hat, muss ich schmerzlich erfahren. Ich schwabbele gerade das Teil auf der offenen Seite und lassen meine Gedanken schweifen. Dabei verhaken sich die Borsten bei 1000 Umdrehungen unter dem Ring. Der Ring wird abgezogen und schneidet mir bei höllischem Lärm den linken Daumen auf. Verdutzt sage ich „aua“. Blut breitet sich auf der Maschine aus.

Der Meister kommt aufgeregt angerannt, brüllt mich an, ohne zu wissen, was eigentlich passiert ist. Die Sekretärin ist in Windeseile mit dem Verbandskasten zur Stelle. Sie ahnt, dass bei dem Krach etwas passiert sein muss. Da stehe ich mit blassem Gesicht und verbundenem Daumen vor dem Sekretariat und warte auf den Sanitätswagen. In der Zeit bekomme ich einen richtigen Einlauf vom Meister, ein Donnerwetter vom Feinsten.

Der Unfallarzt am Mariannenplatz, ein alter Haudegen, nimmt den Verband ab, reinigt die Wunde und zeigt mir die offene Daumenspitze. Sein Kommentar: „Schau dir mal das Innere an. Das Weiße, das du da siehst, ist der Nervenstrang. Einen Millimeter weiter und der Daumen wäre steif." Glück gehabt.

Der Doktor ist von der harten Sorte. „Du hast doch Schmerzen", meint er. „Da hilft ein Schnaps." - „Ich habe keine Schmerzen. Mir ist nur schwindlig." Keine Chance, ich muss den mit geübter Hand eingeschenkten Cognac trinken, während er die Wunde abdeckt und sich selbst auch einen Schluck gönnt. Dann krempelt er die Ärmel hoch, nimmt die Flasche und kippt nach - einen für sich und einen für mich. Es schüttelt mich, er genießt ganz offensichtlich den Alkohol. Bei allem habe ich gar nicht gemerkt, wie er mir die Betäubungsspritze in den Daumen setzt.

Kurz danach will ich wieder zur Arbeit. Fühle mich top. Der linke Daumen ist zwar verbunden, aber als Rechtshändler kann ich immer noch Schrauben zählen. Meine Einstellung zur Arbeit schätzt der Arzt und sie stimmt meinen Meister gnädig. Ich bekomme eine Krankschreibung für drei Wochen, habe Freizeit und kann meine Perry-Rhodan-Hefte in einem Zug durchlesen.

Kumpels

Eine Kneipe in der Nähe von Peters Wohnung ist manchmal unser Fluchtpunkt. Bier habe ich geschmacklich noch nicht für mich entdeckt, kann mich aber nicht immer ausschließen. Ich hasse diese Kneipe. Ein Wintertag beginnt gemütlich und endet - bildlich gesprochen - tödlich. Einer fängt mit Stiefeltrinken an. Mitten in der Runde sitze ich und weiß nicht, was passiert. Der Stiefel geht reihum, jeder nimmt einen Schluck, reicht den Stiefel nach links und der Nachbar trinkt weiter.

Irgendwann ist der Stiefel an einem Punkt, an dem die Gesetze der Physik übernehmen. Bei einer falschen Drehung des Fußes blubbert Luft in die Fußspitze. Dann hat man verloren. Der Pechvogel muss den Stiefel bezahlen. Aber es gibt noch eine weitere Falle. Neigt sich der Stiefelinhalt ohne Geblubber von Luftblasen dem Ende zu, ist derjenige Sieger, der den Stiefel austrinkt. Dann muss der Rechtssitzende den Stiefel bezahlen. Links neben mir sitzt ein Kampftrinker. Umsetzen kann ich mich nicht mehr. Warum sitze ich eigentlich neben dem? Ist das gewollt? Ich habe kaum Geld dabei. Für ein, zwei Biere reicht es, aber doch nicht für ganze Stiefel. Was bleibt mir übrig? Ich hoffe, dass der Kelch an mir vorbeigeht. Vergeblich. Ich stehe vor der Wahl, peinlich um Geld zu betteln oder besoffen zu werden. Ich entschließe mich, das schlecht schmeckende Gebräu zu schlucken und gegebenenfalls in irgendeinem Hausflur zu schlafen.

Zum Glück haben die anderen nach sechs Stiefeln auch genug. Ich strecke meine Beine aus und will aufstehen. Nanu, warum wollen sie nicht? Verdammt. Vorsichtig setze ich einen Fuß vor den anderen. Es ist ein weiter Weg nach Hause. Irgendwie wird es schon klappen. Ich rede mir gut zu. Unter Anstrengung schaffe ich es bis zur Tür, mach diese auf, trete raus und sehe mit verschwommenem Blick einen Bauzaun. Dahinter ein Graben für Kabelarbeiten. Das Bier will raus, ich überlasse es in einem wahren Sturzbach dem Graben. Die Luft ist bitterkalt, aber ich fühle gar nichts mehr. Mir ist nur noch schlecht.

Meine Kumpels bringen mich zurück in die Kneipe. Dort setzt man mich in eine Ecke und lässt mich bis nach Mitternacht schlafen. Dann weckt mich der Kneipier, weil er schließen will. „Wisch dir das Gesicht ab, bevor du gehst. Danke übrigens, dass du nicht in die Kneipe gekotzt hast." Wovon redet der Mann? Wo sind die anderen?

Jetzt aber nichts wie heim. Die Kälte hält mich wach, ich komme einigermaßen zügig voran. Zu Hause ist alles erstaunlich ruhig. Ich liege um drei Uhr in der Frühe endlich im Bett. Mein Körper will nur noch ausschlafen. Ein lautes „Guten Morgen" schreckt mich auf. Laut gebrüllt wie aus Stadionlautsprechern. Es ist sechs Uhr. Lasst mich bloß in Ruhe. Was soll das? Mir ist einfach nur übel.

Ich ziehe die Bettdecke über den Kopf und verweigere die Antwort. Mutter lässt nicht locker. Ich bettele: „Kannst du nicht in die Firma gehen und mich entschuldigen? Sage doch einfach, ich hätte Schnupfen oder Knöchelschuppen, sodass ich nicht laufen kann." – „Kommt nicht infrage!" Vater Otto steht in der Tür. „Wer saufen kann, der kann auch arbeiten." Er holt ein nasses Handtuch aus dem Badezimmer und prügelt mich aus dem Bett. Eine nachhaltige Erfahrung. Jetzt weiß ich, wie ihm zumute ist, wenn er betrunken ist.

In der Firma versuche ich, die Ereignisse der Nacht zu verheimlichen. Vergebens. Man bemerkt es sofort; einmal, weil ich zu spät komme, außerdem schleppe ich meine Glieder durch die Gegend wie ein kriegsbeschädigter Veteran. Was sagt der Meister bei meiner dahingestammelten Entschuldigung? „Wer saufen kann, der kann auch arbeiten.“ Den Spruch habe ich doch schon einmal gehört.

Als Ottchen von meinem Abenteuer erfährt, ist seine Reaktion eine ganz andere: „Wird er endlich groß, der Kleine. Was sagen seine himmelsgleichen Brüder der Gemeinde dazu? Saufen die Zeugen auch? Stelle ich mir toll vor, wankend und mit Bierfahne über die Bibel reden. Steht überhaupt was von Bier in der Bibel?“ Er amüsiert sich königlich. Über seine Frage ernsthaft nachzudenken, ist müßig. Mit der Hölle kann man mir auch nicht drohen. Die gibt es nicht, denn im 1000-jährigen Reich bekommt jeder noch mal seine Chance.

Mein Bruder Otto, der uns als Himmelskomiker bezeichnet, kommt häufig mit einem neuen Mädel nach Hause. Immer wieder spielt er dabei den starken Mann. An einem Abend hat Mutter Graupen gekocht. Ich hasse diese Suppe. Nicht nur, weil sie mir nicht schmeckt, sondern allein schon wegen des Namens. Mama ärgert sich und beschwert sich bei Ottchen; dass sie das Essen wegschmeißen muss. Und das nach den Notzeiten, die hinter ihr liegen. Für sie ist es ein großes Verbrechen, Lebensmittel zu vergeuden. Jetzt kommt der Einsatz von Otto, der den Macho vor Mutter und Freundin markiert. „Wenn du die Graupen nicht isst, dann bekommst du auch kein halbes Hähnchen.“ Besserwisserisch, als ob er das Sagen hätte, baut er sich vor mir auf.

Na toll. Ich füge mich trotzdem nicht. Nach den Graupen wäre ich einfach nur satt. Dann vergammelt das Hähnchen eben. Ist dann umsonst gestorben, das arme Tier. Zum Glück habe ich noch eine alte Keksbüchse mit trockenem Gebäck versteckt. Ich gehe erhobenen Hauptes und hungrig zu Bett.

Der Daumen ist wieder heile, die Freizeit vorbei und auch die Probezeit schon lange abgelaufen. Ich frage den Chef, ob ich denn übernommen sei. „Natürlich", antwortet er. „Wir hätten schon was gesagt, wenn nicht. Aber wir sind sehr zufrieden mit Ihnen." Das macht mich froh und ein wenig stolz, dass er mich nicht duzt.

Ich arbeite kreativ und denke mit. So gibt es einmal ein Hochdruckmessgerät, das aus vier Teilen besteht. Ein Rohr aus Messing, ein eiserner Gussflansch, ein Deckel und ein Alublech. In das Rohr wird ein Ausschnitt für das Alublech als Sichtfenster geschnitten. Der Gusskörper wird passend gedreht und mittig ein Anschlussloch gebohrt. Dann ist der Deckel dran. Ab zum Kollegen das Ganze, der ein Glasrohr einzieht und ein mehrfach in sich verwinkeltes Glaswunder einpasst. Danach wird das Alublech fixiert und per Handarbeit justiert. Selbst die Skala wird nach Einsatz des Glaskörpers angezeichnet und nicht umgekehrt. Das Geheimnis des Druckmessgerätes: Jeder Glaskörper ist handgemacht und nicht geeignet für eine maschinelle Fertigung. Die Skala ist daher nur bei Druckbetrieb zu eichen.

Es kommen im Laufe der Zeit viele Aufträge rein. Gebraucht werden zehn, 20 oder 50 Stück, manchmal auch nur ein Exemplar. Die einzelnen Stücke sind meine liebsten. Bei den großen Stückzahlen fertige ich immer mehr, um Verschnitt auszugleichen. Eine ähnliche Taktik verfolgen auch die Kollegen, aber nach Ablieferung ihrer Arbeit werfen sie den Überschuss in die Abfalltonne. Ich habe kaum Ausschuss und verstecke die Rohlinge in meinem Spind.

Es kommt immer der Tag, an dem ein Stück ganz plötzlich fehlt. Dann ist es möglichst sofort auf den Tisch zu zaubern. Das bedeutet Stress. Was machen die Kollegen? Maschinen anschmeißen und nach fünf bis sechs Stunden endlich Vollzug melden. Ist bei mir eine Lösung gefragt, liefere ich nach einer Stunde ab. Das fällt nach dem dritten Mal auch dem Meister auf. Er sagt aber nichts, sondern beobachtet uns vier Lehrlinge.

Die haben inzwischen auch meinen Winkelzug erkannt und horten ab sofort ebenfalls ihre Überschüsse.

Um den Wettbewerb unter uns Lehrlingen zu fördern, ruft uns der Chef zusammen. Er verspricht mir eine Gehaltserhöhung von fünf Pfennige pro Stunde. Bei 92 Mark Monatslohn acht Mark zusätzlich – das ist viel Geld und bedeutet Anerkennung. Bei seiner Ansprache schwingt der Vorwurf an die anderen mit: „Wie kann der jüngste Lehrling, der Pimpf, euch was vormachen?" Gut gemeint vom Meister, aber jetzt habe ich drei Gegner. Bohnenstange ist der Rädelsführer. Macht nichts. Papa ist stolz und murmelt zu Mama: „Ich hab's doch gewusst."

•

Zur Lehre gehört auch die Berufsschule, einmal die Woche. Ich mache Bekanntschaft mit 20 gleichaltrigen Jungen. Es gibt einen untersetzten Hauptlehrer, einen für technisches Zeichnen und einen für Wirtschaft. Der letztgenannte ist der schärfste Hund. Haben wir keine Lust auf Politik, stellt irgendwer die Frage: „Was halten sie von Uher?" Die Uhertechnik – egal, ob Tonband-, Diktier- oder Kassettengeräte – fasziniert ihn. Er kennt sie alle.

Ein besonders gutes Verhältnis habe ich zu unserem Hauptlehrer Neuendorf. Ihm merke ich an, dass er mit ganzem Herzen seiner Aufgabe nachgeht. Dieser einfühlsame Mensch schafft es, an einem Tag Berufsschule mehr aus mir herauszuholen als die anderen Schwätzer der Kollegenschar in der ganzen Woche.

Technisches Zeichen ist mein Fach. Hier bin ich zu Hause. Mit Bleistift zeichnen, mit dem Radiergummi korrigieren – das ist Schnee von gestern. Ich steige nach einem Jahr auf Skriptol um, die Kunstschrift-Tusche für Profis. Punktgenau ohne Aussetzer.

Die Anerkennung, die ich hier bekomme, macht mich stolz, denn hier bin ich der unumstrittene Könner und unangreifbar der Beste im Fach. Ein Bohrfutter im Viertelschnitt hängt noch Jahre nach meiner Lehre im Zimmer des Lehrers.

Beim technischen Zeichen geht es nicht nur darum, Striche zusammenzuführen, sondern auch um räumliches Sehen. Die meisten Schüler schauen bei mir ab. Bei der Vorbereitung auf die Gesellenprüfung konzentriere ich mich auf meine Lücken – vor allem Mathe.

In der Zeichenarbeit geht es um eine große Maschine im Querschnitt. Ein kleines Teil von ihr soll herausgezeichnet werden. Kein Problem für mich. Eine glatte Eins. 100 Punkte. Das gute Ergebnis kenne ich aber noch nicht, als ich zur mündlichen Prüfung vor die Kommission trete. Mein Herz klopft, meine Gedanken vermischen sich vor Aufregung zu einem Brei aus Zahlen, Objekten und Farbskalen. Was die Farbskalen da suchen, weiß ich allerdings bis heute nicht. Ich sehe wie durch einen Nebel, dass ein großer älterer, freundlich lächelnder Herr von der Innung auf mich zukommt: „Gratulation, Herr Kollege, zur bestandenen Prüfung."

Ich bin verwirrt. Wie, keine Frage zu Kurvenberechnungen oder spezifischen Gewichten? Mein Blick, mein Gehirn werden auf einmal klar. Was kommt jetzt? „Bevor wir Ihnen Ihren Gesellenbrief aushändigen, noch eine Aufgabe." Er öffnet eine Tafel, auf der eine Draufsicht und eine Seitenansicht gezeichnet sind. „Ergänzen Sie die Frontansicht."

Dieses zu zeichnende Teil ist lächerlich einfach. Lothar, mach keinen überstürzten Fehler. Nur, wo ist die Falle versteckt? Die Aufgabe ist simpel, fast schon beleidigend schlicht. Nun gut, wenn's weiter nichts ist – mit ein paar Strichen komme ich der

Bitte nach. Hinter meinem Rücken erschallt ein Klatschen. Jetzt wollen die mich bestimmt auf den Arm nehmen. Aber nein. Alle stehen auf, gratulieren mir. Ich weiß immer noch nicht, warum. Der Sprecher der Innung klärt mich auf. „Sie sind der Einzige, der bislang in der langen Geschichte der Schule im Zeichnen eine Eins hat." Und weiter: „Wir haben übrigens von Ihren Skriptol-Zeichnungen gehört. Wir werden darüber noch sprechen." Und entlässt mich.

Welch ein Jubel. Ich habe die Prüfung auf Anhieb geschafft. Alle meine Vorgänger in der Firma mussten ein halbes Jahr anhängen und hatten eine vierjährige Lehre. Ich bin mit dreieinhalb Jahren der Überflieger. Was für eine innere Genugtuung, was für ein Triumph. Er erhellt mir noch lange die Tage. Angst vor der Zukunft habe ich keine mehr. Jetzt kann ich selbst meine Zukunft gestalten. Auch dem Chef gefällt mein Abschneiden – ich darf bleiben. Er scheint zufrieden mit mir zu sein, auch wenn er zu diesem Thema nichts direkt sagt.

Zum Abschluss unseres Jahrgangs gibt es in der Aula eine Feier. Wir sitzen brav da und hören uns Reden an. Unser Volkswirtschaftler hat jetzt seine große Stunde. Diese nutzt er und kann alles rausbrüllen, wozu es im Unterricht nicht reichte. Und keiner traut sich, nach Uher-Geräten zu fragen.

Nach einem langweiligen Violinen-Quartett kommen die Auszeichnungen. Niemand hat eine glatte Eins. Eins plus ist das Beste, allerdings bin ich nicht der Glückliche. Meine 100 Punkte und die vollendete Eins im technischen Zeichnen werden nicht erwähnt. Es zählt das Gesamtergebnis. Meine Drei in Mathe zieht das Ergebnis in den Keller. Hans Neuendorf tröstet mich: „Ein Zahnrad richtig geraten, die Drei mit einem plus garniert und du hättest diesen Wisch. Glaube mir, wenn du dich irgendwo vorstellst, sind deine Zeichnungen wichtiger als die Auszeichnung."

Tröstlich, aber ich hätte trotzdem gerne etwas für die Wand, um mein Können zu beweisen. Schon alleine, um meinem Vater eine lange Nase zu zeigen. Denn der ist auf einmal sauer und fragt mich, warum ich keine Auszeichnung bekommen habe. Hat er mir nicht immer gepredigt, ich sei die Hoffnungslosigkeit in Person, ein Schandfleck der Familie? Mal so, mal so. So ist er eben.

Inzwischen bin ich 18 – also volljährig und vollwertig. Ich fühle mich nicht anders als vorher. Trotzdem brauche ich bei Kreditgeschäften einen Erziehungsberechtigten oder einen Bürgen. Geschäftsfähig ist man erst mit 21 Jahren.

Ich erhalte mein erstes Gesellengehalt im Herbst 1965. Ein Gefühl, als könne ich die ganze Welt kaufen. In meinem Zimmer baue ich eine automatische Leinwand an die Decke. Die Technik darf ich in der Firma herstellen. Ab und zu kommt Vater ins Zimmer und kritisiert jeden Handschlag. Er geht mir tierisch auf den Wecker. „Das Loch ist zu groß." – „Das weiß ich selber. Beim Stemmen ist der Putz abgefallen. Anstatt ständig zu mosern, könntest du mir helfen", schlage ich vor. „Den Quatsch mach ich nicht mit", erwidert er und geht aus dem Haus.

Ich stehe immer noch auf der Leiter, als eine Nachbarin laut an unsere Tür klopft. Die Klingel ist nicht kaputt, komisch. Mutter und ich sind gleichzeitig an der Tür. „Kommen Sie schnell, Ihrem Mann geht es nicht gut." Eigentlich habe ich keine Lust, bin immer noch sauer auf ihn. Trotzdem renne ich sofort los. In der Wrangelstraße sitzt er im Eingang eines Wohnhauses auf der Treppe. Ich frage ihn, was ihm fehlt. In dem Moment rutscht ihm sein Gebiss aus dem Mund und er sackt in sich zusammen. Die Tragik kann ich so schnell nicht begreifen. Er stirbt vor meinen Augen. Ich packe ihn an den Schultern und rede hektisch auf ihn ein. „Hör auf mit dem Quatsch. Komm nach Hause. Hier kannst du nicht bleiben."

Er fällt quer über die Treppenstufen. Die Nachbarin tastet nach seinem Puls und meint: „Hier kann er nicht bleiben. Bringen wir ihn in die Wohnung. Der Arzt kommt gleich." Wir drei tun uns schwer, den Mann mit 100 Kilogramm Gewicht zu bewegen.

•

Plötzlich ändert sich alles. Meine Mutter ist hilflos. Meine Brüder lassen sich nicht sehen. Außer Ottchen, er begleitet mich bei den Behördengängen. Unser Duo muss für die Leute seltsam erscheinen. Er, 14 Jahre älter als ich und ein Stückchen größer, steht jeweils hinter mir und wird prompt von den Leuten angesprochen. Er verweist dann auf mich und freut sich immer wieder über die verdutzten Gesichter. Erst bin ich sauer und beleidigt, weil man mich nicht für voll nimmt, aber dann haben wir beide unseren Spaß.

Lustig ist der smarte Jüngling vom Europa-Center. Er macht keine Anstalten, mit mir zu reden. Bis Otto ihn barsch anfährt: „Soll ich rausgehen, damit Sie endlich kapieren, wer hier das Sagen hat?" Dabei wollen wir hier nur die Schlüssel von Vater abgeben und seinen Spind ausräumen.

Auf dem Parkplatz des Europa-Center war Vater der, der alles im Blick behielt und kassierte. Er saß gemütlich in seinem Häuschen und sammelte die Gebühren ein. Auf jedem Parkschein war ein Coupon mit einer Gutschrift im Wert von 50 Pfennig abgedruckt. Viele Parkende haben diesen Abschnitt nicht eingelöst. Diese hat mein Vater eingesteckt und gesammelt. Damit leistete er sich die dicken Zigarren und den Rotwein am Abend. Von seinem Gehalt hätte er sich diesen Luxus nicht gegönnt. Alltagsgenuss waren Zigarillos und Wermut. Im Spind finden wir seine abgenutzte Arbeitskleidung, eineinhalb Kisten Zigarren und jede Menge Prospekte des Nachtclubs „La vie en rose". Was für eine Überraschung.

Viel ist nicht zu erben. Eine alte Kommode zerkloppe ich Trottel in meinem jugendlichen Übermut. In ihr lagert sein geheimer Schatz von ungefähr einem Dutzend Zigarrenkisten der weltbesten Marken. Nicht leicht, diese zu Geld zu machen. Meine Geschwister rauchen nicht und Runden durch Kneipen will ich nicht drehen.

Mein mich freizeitbeschäftigender Bäckermeister übernimmt das Geschäft. Unser Deal: Er knüpft Kontakte, verhandelt, der Verdienst von immerhin 135 Mark wird geteilt. Für meine Mutter ein Vermögen. Sie schmeißt das Wenige aus Ottos Portemonnaie, ihr eigenes karges Einkommen mit dem Zigarrenerlös in einen Topf und finanziert so die Beerdigung. Ruth in Ostberlin kann nichts beisteuern. Bruder Gerhard hat auch nichts übrig; sorgt für Frau und drei Kinder. Neben seinem Polizeidienst braucht er hierfür noch einen Zweitjob auf einem Holzhof. Jürgen, der Älteste, steht sowieso über allem und schießt nichts zu. Ottchen übernimmt die Gebühren bei unseren Behördengängen.

Trotz des Zwiespalts in unserer Familie sind meine Brüder mit ihren Frauen auf der Beerdigung. Auch viele Geschäftsinhaber aus der Nachbarschaft erweisen ihm die letzte Ehre, mit dabei auch Vaters Kneipen- und Spiel-Kumpane. Als sich alle Trauergäste verabschiedet haben, gehe ich noch einmal zurück zum Grab. Ich hole aus meiner Manteltasche eine Flasche Rotwein und vergieße sie auf dem Sandberg, unter dem nun mein Vater ruht. Ich bekomme kein Wort heraus, obwohl ich ihm immer und immer wieder damit drohte: „Ich werde dich an deinem Grab verfluchen." Jetzt denke ich nur: „Was machst du da unten? Was hast du überhaupt gemacht? Dein Leben bestand aus Rumjobben, Rumsaufen und Rumstreiten."

Was zwei Kriege mit meinen Eltern und letztlich in Folge mit mir und meinen Geschwistern gemacht haben, hat mir niemand erklärt. Ist vielleicht auch gut so. Meine Gedanken drehen sich lange um pubertäre Sorgen und immer wieder geht es ums Geldverdienen. Keine Zeit, die Familiensaga zu durchleuchten.

Als ich zu Hause ankomme, ist die ganze Familie versammelt. Samt Schwägerinnen. Die Mädels, mittlerweile klärt sich mein Verständnis von Frauen, überaus hübsch. Manchmal stelle ich sie mir in Unterwäsche vor. Aber nur ganz kurz.

Meine Brüder reden über Vater. Das haben sie sich in seiner Gegenwart nie getraut. Das stört mich. Auch wenn sie mit ihren Erinnerungen recht haben, so etwas ziemt sich nicht. Warum haben sie nicht früher den Mumm gehabt? So werde ich laut. „Wo wart ihr, wenn er regelmäßig besoffen nach Hause kam und das Geschirr zertrümmerte, den Speiseschrank ausräumte und alles in sich hineinstopfte, bis es wieder oben rauskam?"

Ich gucke in betretene Gesichter. „Mutter und ich mussten oft flüchten. Meistens zu dir, Gerhard, oder zu dir, Jürgen. Kluge Verhaltensregeln habt ihr oft gepredigt, sonst hattet ihr nichts auf Lager. Hilfe gab's keine für uns. Ob nüchtern oder besoffen, ihr habt resigniert und Mutter allein gelassen. Ihr habt ja noch nicht einmal das Gespräch mit ihm gesucht, also braucht ihr heute nicht über ihn herzuziehen." Ich stehe auf und gehe in die Küche.

Jürgen, der Älteste, verblüfft mich an diesem Tag. Er nimmt sich meine kleine Rede wohl zu Herzen und meint später unter vier Augen: „Ich wusste nicht, dass dir alles so nahegeht." – „Er war unser Vater. Wo wärst du ohne ihn? Ich weiß nicht, warum es in unserer Familie keinen Zusammenhalt gibt. Jeder stichelt gegen jeden. Ob es unter uns ist oder auch in der Firma. Immer werden Fehler gesucht. Lob oder Zuspruch erfolgt so gut wie nie. In einem solchen Umfeld verkapselt man sich. Vielleicht war das auch der Grund, warum Vater trank." Jürgen ist sprachlos: „Lass uns darüber ein andermal reden. Die Mädels wollen gehen." Eine Fortsetzung des Gesprächs bringt die Zukunft allerdings nicht. Mutter trauert still. Vergräbt sich in ihre Bibel und sucht Frieden in der Gemeinschaft.

Auf Stellungssuche

Der Chef stellt keinen neuen Lehrling ein. Nach mir haben wir nur einen Zuwachs zu verzeichnen. Hockt der in der Berufsschule, schiebt man mir den Pauseneinkauf zu. Inzwischen beherrsche ich die Maschinen. Kann alle Geräte und Armaturen der Firma in Nullkommanix herstellen. Neue Produkte kommen selten ins Programm. Trotz des Gesellenlohns reicht das Geld hinten und vorne nicht. Da muss mehr möglich sein. Diesen Eindruck gewinne ich bei Firmenbesichtigungen von Osram, Siemens und AEG. Aber beim Gedanken an den Meister plagt mich die Frage: „Wie bekomme ich nur den Ausstieg hin, ohne undankbar zu erscheinen?"

Für den Chef bin ich unbequem - weil ich mir eigene Gedanken mache. Die Mutter des Chefs ist mir zugetan, der Meister geduldig. Mit den Gesellen komme ich gut aus, nur Jürgen gebärdet sich nach wie vor seltsam, aber der tut nicht weh.

Ich brauche eine neue Stellung. Ist in Kreuzberg nicht so einfach. Es gibt nur kleine Handwerksfirmen in Hinterhöfen. Ich entdecke eine Anzeige von DeTeWe, der Telefongerätefirma gleich um die Ecke. Man sucht einen Mechaniker. Ich bewerbe mich.

An wen kann ich mich wenden, wer kann mir helfen? Täglich halte ich nach dem Postboten Ausschau. Nichts für mich dabei - das geht über Tage so. Ist mein Brief nicht angekommen? Oder will man mich nicht und antwortet erst gar nicht? Die Ungewissheit quält mich. Was soll das? Ich wohne doch gleich um die Ecke, der Weg ist kurz, um mich zu erreichen.

Worauf warten? Ich nehme mir einen Tag frei und gehe einfach in die Firma. Am Haupttor frage ich nach der Sonderfertigung und werde über das Gelände geleitet. An drei parallel gebauten, vierstöckigen Klinkerbauten geht es vorbei zum letzten, an dem ein riesiger Lastenfahrstuhl vorgebaut ist. Hoch geht es in die vierte Etage. Hinter einer großen, schweren Eisentür erstreckt sich ein riesiger Raum über die gesamte Etage. Ganze vorne in einem Glaskasten sitzt der Meister an seinem Schreibtisch.

Ich nehme all meinen Mut zusammen: „Ich habe Ihnen vor 14 Tagen eine Bewerbung geschickt und möchte gerne wissen, ob diese Stellung noch frei ist?" – „Lieber Mann, wir sind ein großes Haus. Ich weiß noch nicht einmal, dass die Anzeige raus ist. Wenn Sie vor 14 Tagen geantwortet haben, dann bekomme ich Ihre Bewerbung vielleicht nächste Woche auf den Tisch." Er schmunzelt: „Aber wenn Sie schon mal hier sind, können Sie dieses Teil fertigen?"

Er legt mir eine Zeichnung im Format DIN A 2 vor. Ich sehe ein Blechteil mit zwei Einschnitten. Vorsicht Falle, dafür brauche ich nicht dreieinhalb Jahre gelernt zu haben. Ich überfliege die Agenda und sehe den Maßstab 1:50. Was soll die Papierverschwendung? „Diese kleinen Teile sind mir am liebsten", antworte ich. „Vor allem, wenn keine Toleranzen angegeben sind." – „Okay. Ich zeige Ihnen die Werkstatt, dann gehen Sie in die Verwaltung und füllen die Verträge aus und kommen am ersten März zu mir. Sie können doch im nächsten Monat direkt anfangen?" – „Geht klar", antworte ich. Fast unheimlich, wie schnell alles geht.

Die Maschinen, die er mir bei unserem Rundgang zeigt, sind alle wie neu. Der riesige Raum ist dank der großen Fensterfront hell und lichtdurchflutet. Muss Spaß machen, hier zu arbeiten. Ein bisschen unwohl fühle ich mich unter der unverhohlenen

Musterung der zwölf Mitarbeiter von jung bis alt. Auf dem Hof fällt mir ein, wir haben überhaupt nicht über Geld gesprochen. Als ich den Vertrag in Händen halte, ist die Summe überraschend um 50 Mark höher als mein bisheriges Gehalt. Ich jubiliere innerlich. Die Zukunft kann kommen.

In der Fabrik

Ein schöner Tag. Ich blicke aus dem Toilettenfenster des vierstöckigen, roten Klinkerbaus. Ein Klinkerbau zwischen vielen anderen Klinkerbauten. Sie sehen trotz des schönen Wetters düster aus. Es ist das einzige Fenster, das einen kleinen Ausschnitt auf die Straße preisgibt. Dort, außerhalb des Fabrikgeländes, blicke ich den Passanten nach. Haben sie nichts zu tun zu dieser Zeit, in der man als guter Deutscher doch zu arbeiten hat? Wäre ich gerne an ihrer Stelle? Ein rein hypothetischer Gedanke.

Hier auf dem Klo stellt sich die Frage nach mehr Freiheit nicht. Sieben Stunden und 45 Minuten verbringe ich Tag für Tag auf rund 600 Quadratmetern mit im Schnitt zwölf männlichen Kollegen. Zu dieser Nettoarbeitszeit summieren sich An- und Abfahrt und etwa zwei Mal 30 Minuten Pause. Insgesamt bin ich neun Stunden und 25 Minuten im Auftrag der Arbeit unterwegs. Eigentlich lebe ich während der Woche nach ewig gleichem Rhythmus und festen Klingelzeichen. Wecker zum Aufstehen. Glocke um sieben Uhr zum Arbeitsbeginn. Zwei Mal Pausenglocke. Fehlt im Grunde nur noch der Pinkelalarm. In meinem Inneren verdunkelt sich das trübe Umfeld immer mehr zu einem Gefängnis. Aber richtig abgerichtet kann man sich wohl an alles gewöhnen. So wie die Techniker und Ingenieure in der Fabrik. Im Alter von 25 bis 30 Jahren treten sie ihren Dienst an und können sich mit ihren Rechenschiebern in ihrem grauen Arbeitskittel dann schon ihre Rente mit 65 Jahren ausrechnen. Das hält nur der aus, der sich aufgegeben hat.

Ich habe einen der schönsten Metallerjobs – interessant, abwechslungsreich und ohne Produktionsdruck. Für das Basteln gibt es auch noch Geld. Egal, ob die Fertigung eines Zeitkranzes für den ersten Tele-Computer ansteht oder die herausfordernde Gravur auf einem alten Telefon mit runden Oberflächen – ich habe alle Zeit der Welt und jede Menge Spaß am Austüfteln der optimalen Lösung.

Ich arbeite in der Versuchsabteilung und Sonderfertigung. Jeder Mitarbeiter hat eine Maschine unter seiner Obhut, die er pflegen und überwachen muss. Mein Baby ist die Graviermaschine. Diese steht abseits hinter dem Materialschrank, der Öle, Schmiermittel und Lappen enthält.

Wir stehen in dieser Abteilung am Ende einer Idee, die auf Zeichenbrettern der Ingenieure entsteht. Durch uns werden ihre Gedanken greifbar und ganz real. Diese Zusammenarbeit ist immer spannend und aufregend. Oft bringt allerdings die Praxis ein anderes Ergebnis als ursprünglich geplant. Die Werkbank und das Material haben ihre eigenen Gesetzmäßigkeiten.

Ein Leben mit geregelter Arbeit und fest eingeteilter Zeit ist ganz normal in meinem Umfeld. Für mich gleicht es einer Dressur und widerspricht allen Träumen und Vorstellungen vom Dasein. Ich will mich nicht einfach ergeben und hoffnungslos in untergeordneter Bescheidenheit meine Tage und Jahrzehnte wie vorbestimmt abarbeiten. Die Tristesse wird immer mehr zum Alptraum.

Dabei beobachte ich, dass die Menschen um mich herum sich ohne Sinn oder Verstand gegenseitig das Leben schwer machen. Vielleicht stecken diese Leute ja in einem ähnlichen psychischen Dilemma wie ich. Wenn dann der Charakter allerdings nichts anderes hergibt als Hass, Neid, Gier oder Misstrauen – ich könnte die Liste noch fortsetzen – tun sie mir leid und ich lasse sie links liegen. Ich habe drei solcher Kollegen, die während meiner fünf Jahre in der Fabrik nur ein Ziel verfolgen – ständig alles schwarz zu sehen und jeden zu verunglimpften.

Trotzdem liebe ich meinen Job. Ich lerne erfahrene Kollegen kennen, die gute Handwerker sind. Die halten es aber meist nicht so lange bei uns aus. Das sind sensible Leute, die sich dem alltäglichen Fabrikterror entziehen und sich etwas Besseres suchen. Die Miesmacher beherrschen das Feld. Viele ältere Kollegen, die ihr klägliches Dasein fristen, beziehen aus Feigheit keine Stellung; wollen nicht in die Schusslinie gelangen. Der Meister tut so, als würde er nichts mitbekommen. Mein Vorsatz: mir durch all die düsteren Typen um mich herum nicht die gut dotierte Arbeitsstelle vermiesen zu lassen. Mein Fell gegenüber Kränkungen ist dick. Meine Brüder haben mich in dieser Hinsicht gestählt.

Während mich diese Gedanken am Fenster des Klinkerbaus bewegen, kommt einer der drei Widerlinge aufs Klo und macht mich mit hämischem Lächeln an: „Na, hast du dir einen gezwirbelt?“ – „Arschloch“ zu antworten ist mir zu billig. Im Gehen werfe ich ihm lässig zu: „Ich lasse zwirbeln.“ Dies ärgert den verkrampften Typen mehr als jede andere Antwort.

Fotokunst

Meine Liebe gehört von Kindesbeinen an der Fotografie. Die Metallfabrik, in der ich arbeite, schreibt regelmäßig Fotowettbewerbe aus. Die Siegermotive werden in der hauseigenen Zeitschrift abgedruckt. Bevorzugt werden Bilder von Mitarbeitern im gräulich-blauen Kittel mit gut sichtbarem Firmenlogo auf der Brust. Der Kittel ist die bescheidene Uniform des Hauses, quasi die Luxusausführung der Kleiderkammer. Egal, wie das Thema des Wettbewerbs lautet - das Logo ist wichtig, schließlich dient die Aktion dem Marketing.

Warum soll nicht einmal ein Motiv von mir die letzte Seite des Magazins zieren? Im Empfangshaus gibt es eine viereckige Wendeltreppe. Ich spreche eine Kollegin an, die ich zufällig im Treppenhaus treffe.

Sie trägt einen dicken Stapel Akten unterm Arm. Sie sei Botin, antwortet sie auf meine Frage nach ihrer Tätigkeit. Zuerst denkt sie, ich wolle sie anmachen. Dass ich dafür zu schüchtern bin, weiß sie nicht. Als ich ihr den Wettbewerb erkläre, ist sie sofort Feuer und Flamme und geht zwei Vierteltreppen hoch, stellt sich in Position und schaut über das Geländer in die Kamera.

Ich stehe im Zentrum der Halle und fotografiere die gesamte Treppenflucht mit Blick in die Höhe. „Arbeitsplatz einer Botin", so der Titel meines Bildes, das ich einreiche. Als Dank lade ich sie zum Essen ein - mit dem heimlichen Wunsch, ihr näherzukommen. Sie lehnt ab. So schnell gebe ich nicht auf: „Sollte ich gewinnen und das Bild in der nächsten Zeitschrift erscheinen, rufen Sie mich einfach in der Sonderfertigung an. Dann können wir zumindest in der Kantine mit einer Cola anstoßen und uns die Siegerprämie teilen." Ich werde zwar nicht als Sieger gekürt, aber mein Motiv landet auf dem dritten Platz und wird abgebildet. Die Kollegen gratulieren mir. Sie meldet sich leider nicht bei mir.

Kleister und Tapeten

Seit meiner Jugend habe ich Wohnungen renoviert. Unter dem erfahrenen Blick meines Meisters. Tapetenbahnen kleben, malern, Heizkörper lackieren – ich verhelfe alten Räumen zu neuem Glanz. In der Woche bespreche ich nach Feierabend mit meinen Kunden das Muster der Tapeten und den Umfang der Malerarbeiten. Ich besorge das Material und beginne am Freitag nach Dienstschluss. Ich haue rein bis Mitternacht, stehe am Samstag um sieben Uhr wieder auf der Leiter und ackere bis nachts um zehn. Sonntag ebenso. Ich schufte. Mein Ziel: in einer Woche eine Wohnung zu schaffen.

Ich entwickele eine eigene Leiterklettertechnik. Ich erklimme die Höhe mit beherztem Schwung und ohne festen Halt. Die Tapetenbahn halte ich mit beiden Händen über Kopf, ein Besen steckt in der Gesäßtasche zum Festdrücken der Bahn zwischen Decke und Wand. Angst zu fallen habe ich nie; verschwende einfach keinen Gedanken darauf.

Ganz wichtig ist die exakte Kleistermischung. Jede Tapete ist anders. Sie entscheidet auch über meinen Stundenlohn. Die billigste Tapete, die schnell durchweicht und reißt, ist handwerklich die teuerste. So nehme ich 10 Mark für eine normale Tapetenrolle und 20 Mark pro Rolle für schwer zu klebende Tapeten. Das Argument zieht auch bei den Kunden. Nachdem sie den Unterschied verstanden haben, kann ich so manchen von einer qualitativ hochwertigen Tapete überzeugen. Von der Optik überzeugt die gute Ware später sowieso.

Notwendige Vorarbeiten – alte Tapeten runterreißen, Schleifen der Lackelemente – übernehme ich auch. Am Schluss schwinge ich Besen und Putzeimer und auch die Möbel werden wieder zurechtgerückt. Es gibt wenig Reklamationen. Wenn doch, nehme ich den Meister mit. Ich habe keine Angst vor seiner Kritik. Im Gegenteil – so kann ich von ihm lernen.

Manche Kunden machen einem das Leben schwer. Ich erinnere mich an eine Französin und ihre Tochter. Beide stehen mir bei der Arbeit laufend im Weg, kommentieren und kritisieren meine Arbeit – natürlich auf Französisch. Aus Blicken und Gesten schließe ich ihre Absicht, Mängel zu erkennen. Das tun sie auch in Gegenwart meines Meisters. Nur dumm, er hat Abitur und ist der Sprache ein wenig mächtig.

Als sie offensichtlich einen Makel besprechen, kontert er: „Meine Damen, diese Arbeit ist perfekt. Alles ist sauber gearbeitet, die Nähte sind genau auf Stoß und so gut wie nicht sichtbar. Die Rollen sind sogar nach Seriennummern in Folge verklebt, um Farbverschiebungen zu vermeiden. Besser können das meine Gesellen auch nicht."

Beide sind perplex, wollen dem nicht zustimmen, suchen das Haar in der Suppe der Malerarbeiten. Beide reden durcheinander, die Stimmen werden immer schriller. Dann holt die Tochter eine Leiter, klettert hinauf und streicht über den Fenstersturz. „Hier, schauen Sie, dass ist nicht einwandfrei an der Kante verklebt."

Der Meister lacht und steigt selbst hinauf. Er prüft scheinbar besonders sorgsam und wendet sich den Damen zu. „Das hat Herr Kollege doch gut gemacht, bei der schiefen und welligen Wand. Ich bitte Sie, besser bekommen Sie es nicht. Und um ehrlich zu sein, woanders zahlen sie das Doppelte. Außerdem, zeigen Sie mir den Besucher, der um eine Leiter bittet, um die Tapetenverklebung am Fenster zu prüfen." Ihre bösen Blicke fallen auf mich.

Auf der Rückfahrt erhalte ich vom Meister einen Tipp: „Wenn du vermutest, dass es Probleme gibt und dir jemand Übles will, dann such dir ein paar schlecht verputzte Stellen. Sage, dass du diese aus Service ausbesserst, und vergips dort ein Ei. Steche dann mit einer kleinen Nadel ein Loch hinein. Was meinst du, wie groß die Freude später bei den Querulanten sein wird."

Ich muss lachen. „Hat das schon mal jemand von Ihren Jungs gemacht?" Er nickt: „Einmal bei einer extrem anstrengenden Frau. Nach ihrer Beschwerde ist später ein anderer Kollege mit einem Blumenstrauß hingegangen, hat den Ursprung des Geruchs ermittelt, diesen beseitigt und sich grinsend entfernt."

•

Unvergesslich eine alte Dame in Moabit. Schon während meiner Arbeit stänkert sie herum. Sie zeigt auf jeden Lackpickel und scheucht mich durch die Gegend. Ständig ist ihr etwas nicht recht. Ihre Kommode fasse ich zu grob an, der Teppich ist nicht richtig zusammengerollt, die Farbeimer stehen im Weg. Ich will schon abbrechen, da wirft sie mir Schwarzarbeit vor. Meine Wut steigt ins Unermessliche, innerlich koche ich auf Hochtouren. Die Lösung mit dem Ei ist in dem Fall allerdings nicht machbar. In der Pause entdecke ich einen Fischladen in der Nähe und mir kommt ein zauberhafter Gedanke. Ich kaufe einen Hering und bitte um Aluminiumfolie für den Grill. Ich wickele den Hering in die Folie und platziere ihn von unten in das umgebogene hintere Blech ihres Kochherdes. Das wird für eine Überraschung sorgen. Und für Geschrei, da bin ich mir sicher.

•

Jeder Kunde ist anders. Einmal steht die Altberliner Wohnung einer betagten Dame an. Die Zimmer haben hohe Decken, große Türen und es gibt einen langen Flur. Alles ist sehr verwinkelt. An einem Wochenende ist das nicht zu schaffen. Ich organisiere einen Freund, der immer in Geldnot ist und gerne aushilft. Zwei Männer sind für die alte Dame zu viel. Sicherheitshalber holt sie sich eine Freundin zur Verstärkung.

Wir schuften. Uns fließen wahre Schweißbäche den Körper herunter. Die beiden Damen vergnügen sich derweil mit Alkohol, ein Gläschen folgt dem anderen. Sie werden immer munterer und lauter. Wir amüsieren uns über ihre Männergeschichten aus vergangenen Zeiten. Die beiden müssen wohl mal richtig gut ausgesehen und entsprechend gute Chancen in der Männerwelt gehabt haben. Plötzlich kippt die Stimmung ins Melancholische.

Die Freundin stellt sich in den Türrahmen, wundert sich, dass es klebt und pisst – betrunken wie sie ist – ohne Scheu auf unsere gestrichene Türschwelle. Ein Einwand unsererseits verhallt in ihrem Gejammer: „Das eine will ich euch sagen, Jungs. Ihr habt doch noch gar nichts erlebt. Wir haben den Krieg mitgemacht, sind verschüttet worden, von den Russen vergewaltigt. Es gab nichts zu fressen und jetzt leben wir von Stütze. Wir haben uns unser Alter auch anders vorgestellt. Also, was macht ihr hier?“ Sie johlt und klagt gleichzeitig. „Ihr vergeudet eure Zeit. Feiert, seid lustig und scheißt auf die Zukunft. Morgen kommt ein Spinner, zieht einen Zaun hoch und aus ist die Freundschaft. Viele Verwandte und Bekannte sind im Osten. Wir haben uns neun Jahre nicht gesehen und konnten auch nicht telefonieren.“ Sie fängt fürchterlich an zu weinen. Ihre Geschichte ist auch die unsere, nur werden wir die Mauer vielleicht überstehen.

Rosita

Rosita lerne ich bei einem Vortragsabend kennen. Ich bemerke sie das erste Mal in einer Runde von gutaussehenden Jungen, die auf jeden Fall schon mehr als Mannsbilder gelten können als meine eigene Wenigkeit. Sie ist hübsch. Mehr als das – zierlich, blond, tipptopp vom Scheitel bis zur Sohle. Genau mein Typ. Ein Mädel zum Anbeißen. Ich kann meine Augen nicht von ihr lassen.

Die Glocke läutet zum Pausenende. Was, wenn ich sie jetzt in der Menschenmenge verliere? Ich springe in die Runde und gehe gleich aufs Ganze: „Wenn du einen Mann zum Heiraten suchst, ich bin bereit." Die anderen Jungs lachen über meine plumpe Anmache und suchen ihre Plätze auf. Das Mädchen guckt mich verwundert mit großen Augen an, sagt aber nichts und geht in den Saal. Ich hoffe auf die nächste Pause.

Als der Redner von der Bühne geht, bin ich schon auf dem Weg zu ihr. Setze meinem Spruch von eben noch einen drauf: „Mein Angebot steht noch." Ich fühle mich wie ferngesteuert. Sie guckt mich amüsiert an. Ich fange an, vor mich hinzuplappern – von SO 36, vom Königreichsaal und wie toll dort die Brüder und Schwestern sind. Mein Herz rast. Trotzdem sehe ich, dass zwei ihrer Verehrer etwas abseitsstehen und ungeduldig mit den Füßen scharren. Noch ein Grund mehr, nicht lockerzulassen.

Später erfahre ich, dass jeder andere Bewerber bei ihrem Vater bessere Chancen gehabt hätte als ich. Die Mutter findet mich und meine Anmache, die Rosita ihr brühwarm schildert, lustig. Nicht gerade schmeichelhaft ist der erste Eindruck, den ich bei meiner zukünftigen Schwiegermutter hinterlasse. „Da hast du jemanden, den du nicht anfüttern musst wie Papa."

Das erste Treffen, die erste Berührung, der erste Kuss – das Leben kann so schön sein. Nach den religiösen Grundsätzen der Gemeinde ist Sex vor der Ehe eine Sünde. Wer eine Sünde begeht, wird ausgeschlossen und in den Schlund von Dantes Höllenfeuer geworfen. Meine Freunde und Bekannten will ich nicht verlieren. Deshalb gibt es nur einen Ausweg – wir müssen heiraten.

Auch Rositas größter Wunsch ist die Hochzeit. Sie sehnt sich nach dem noch nie Erlebten. Unser romantisches Vorspiel auf die Eheschließung dauert fast ein Jahr, bis zu meiner Volljährigkeit. Wir leben zusammen in meinem Kinderzimmer. Mein Schwiegervater ist beruhigt angesichts der mütterlichen Aufsicht. Rosita und ich trauen uns nicht, während der gemeinsamen Nächte bis zum Letzten zu gehen.

Die Hormone setzen mir zu und ich glühe vor Erwartung. Endlich ist es so weit. Am liebsten hätte ich noch auf dem Standesamt meine eheliche Pflicht erfüllt. Nach der steifen und für mich völlig überflüssigen Feier gehen wir in unser gebuchtes Hotelzimmer in der Bismarckstraße. Am Tag drauf wollen wir in den Urlaub starten.

Vielleicht war ich auf der Feier zu ungeduldig und aufdringlich, auf jeden Fall ist Rosita ängstlich und plötzlich ganz abweisend. Jetzt, wo alle religiösen Schranken und gesellschaftlichen Bedenken gefallen sind, dreht sie sich weg. Ich fühle mich wie von einer mächtigen Keule geschlagen. Sie zittert und gibt vor, Schmerzen zu haben; und das bei der kleinsten Berührung. Ich bin einfach nur baff. Meine aufgestaute Erwartung platzt wie eine Luftblase.

Auf der folgenden Hochzeitsreise gibt es keine Chance der Annäherung. Wir sind wie gute Freunde unterwegs, aber wehe, ich komme ihr zu nahe. Vier Tage Venedig und anschließend 14 Tage Faak am See sollten Romantik pur sein. Das Wetter ist schön, die Sonne scheint – die Gedanken stecken in düsteren Gewitterwolken.

Ich fühle mich hilflos und überfordert. Mir kommen Zweifel auf, ob „vor der Ehe nie" Sinn macht. Die ganzen Verhaltensregeln, die mir in den Kopf gehämmert wurden, stehen jetzt auf dem Prüfstand. Ich bin der Meinung, es gibt zu wenig Aufklärung. Ich fange an, mit der Welt und der Gemeinschaft zu hadern.

Aber wir befinden uns in den 1960ern. So war das eben damals.

•

Mit 21 Jahren bin ich Ehemann, habe eine wunderschöne Frau zu Hause und stehe an den Wochenenden auf der Leiter und tapeziere fremde Wohnungen. Die anfänglichen Gefühle verflüchtigen sich schnell – wie der Geruch frischer Farbe nach ein paar Tagen. Ihr Vater drängt sich in unsere Ehe.

Rosita hat das Frisierhandwerk gelernt. Irgendwann verfliegt bei ihr die Freude an Kamm und Schere. Damit auch ihr Traum vom eigenen Salon oder die erklärte Absicht, Hausbesuche zu machen. Richtige Leidenschaft für den Beruf kennt sie wohl nicht. Ein Friseurmeister in der Kreuzbergstraße, für den sie tätig war, steckt mir zu, sie sei nicht die schnellste, oft aufsässig und nicht immer kundenfreundlich. Als ich mit ihr darüber spreche, ist sie beleidigt. Sie sucht nach einer neuen Erfüllung – lange.

Ich schinde mich ab, meine Frau lebt nach dem Glaubenssatz ihres Vaters: „Eine Frau braucht nicht zu arbeiten". Wir denken an Kinder. Und geben unser Bestes. Kinder machen macht Spaß. Nur die Kinder lassen sich nicht blicken. Warum soll sie also nicht arbeiten gehen. Ihr fallen viele Gründe ein.

Der ausbleibende Nachwuchs beschäftigt die Familie. Sie rätselt, spielt alle Möglichkeiten durch. Und kommt zu dem Schluss, dass bei mir die Ursache liegen muss. Ich bin zeugungsunfähig, das ist für alle klar. Also lasse ich meinen Samen überprüfen und bekomme ein sehr gutes Zeugnis. „Die Jungs zappeln wie wild, sind zahlreich und wollen es wissen", sagt der Hautarzt. „An Ihnen liegt es nicht. Ihre Frau sollte sich mal bei einem Gynäkologen untersuchen lassen. Es gibt viele mögliche Ursachen für ausbleibendes Babyglück. Viel Glück."

Zu Hause glaubt man mir nicht. Es kann einfach nicht sein, dass die Schuld nicht bei mir liegt. Es dauert lange, bis sie zum Arzt geht. Als sie es doch mit viel Herzklopfen wagt und das Resultat Gebärmutterknick vorliegt, bricht für sie eine Welt zusammen.

Der Kinderwunsch ist nicht so stark wie die Angst vor einer Operation. Ich versuche, sie zu überzeugen, habe aber die gesamte Familie gegen mich. Das verstehe ich nicht. Mir hat man Feuer unter dem Hinterteil gemacht, damit ich mich ärztlich unter die Lupe nehmen lasse und Rosita wird unter eine Glashaube gesetzt und geschont. Ihr, der Unberührbaren, ist eine medizinische Behandlung nicht zuzumuten.

Ich nehme es hin, alles wird sich vielleicht irgendwann von selbst regeln. Oder wir finden uns ab mit der kinderlosen Ehe. Aktuell hätte ich sowieso kaum Zeit für quengelnden Nachwuchs. Der Job, Fortbildungen besuchen, renovieren, Gemeindearbeit – mein Arbeitspensum ist gewaltig.

Konträr zu meinen vielen Aktivitäten steht ihr Tagesablauf. Ausschlafen, bummeln gehen, es sich gut gehen lassen. Viel Zeit verbringt sie mit den Eltern. Entsprechend wenig Zeit verbringen wir miteinander; aber die wenigen gemeinsamen Erlebnisse hechelt sie in allen Details mit den Eltern durch. An ihrer Stimmung und den Formulierungen kann ich abends ablesen, was der Vater meint, denkt, wünscht, befiehlt – und vor allem, was ihm missfällt.

Ab und zu geht der Teufel in mir durch. Dann kracht es. In einem Jahr zu Himmelfahrt zieht es alle Freunde ins Grüne. Ich stehe bei einem Kunden aus der Gemeinschaft auf der Leiter und helfe beim Malern. Sie hat mit ihren Eltern einen Ausflug verabredet. Ich untersage es ihr, jede Menge Hausarbeit liegt an. „Ich finde es nicht schön, wenn du dir einen Lenz machst und die Wohnung vernachlässigst. Mein Auftrag beschäftigt mich nicht lange. Ich will den Tag auch noch ein bisschen genießen und mit dir abends essen gehen." Ich bitte sie: „Räume doch zu Hause auf und warte auf mich. Wir machen es uns dann abends schön."

Sie gibt nach, zum Missfallen ihres Vaters. Vater Heinz und Mutter Greta sitzen missgelaunt auf der Couch, als ich nach Hause komme. Ich habe mich so auf den Abend gefreut und muss nun wieder Vorhaltungen über mich ergehen lassen. Ich ziehe mich mit dem Schwiegervater ins kleine Zimmer zurück und rede ihm ins Gewissen: „Ich möchte, bitte, dass du aufhörst, ständig auf Rosita einzuwirken. Wie sollen wir zusammenfinden, wenn du ständig alles hinterfragst, was wir tun, und sie verunsicherst. Jeden Abend muss ich mich irgendeinem

Vorwurf stellen.“ Ich rede mich in Rage. „Ich versuche, mit Rosita eine Einheit zu bilden, trotz der Probleme wegen der ausbleibenden Kinder. Du gluckst immer dazwischen und mischst dich in alles ein.“

Seine harsche Antwort: „Ich kann zehn Schwiegersöhne haben. Rosita steht bei mir als Tochter an erster Stelle. Ich tue, was ich für richtig halte.“ - „Wenn du so denkst, bitte schön. Du wirst es noch schaffen, uns auseinanderzubringen.“ Wieder einmal merke ich schmerzlich, wie sehr er mich ablehnt.

•

Die Ehe mit Rosita schleppt sich dahin. Keine Freude, keine Leidenschaft, wenig Gemeinsamkeiten. Ich weiß keinen Rat mehr. Wem soll ich mich anvertrauen. Alles in mich hineinzufressen, ist keine Lösung. Innerlich stehe ich kurz vor der Explosion. Ich versuche es mit unserem Versammlungsleiter bei den Zeugen Jehovas. Ich bitte ihn, mit mir auf Missionstour zu gehen und berichte ihm nebenbei von meinen Problemen. Einen Ausweg weiß auch er nicht. Er geht mit mir das Neue Testament durch. Unsere Probleme sind weltlich, so sein Resümee. Seine resignierte Antwort empfinde ich wie eine Gefängnistür, die ins Schloss fällt: „Du musst dich damit abfinden.“

Die Bibel ist keine Gebrauchsanweisung für eine Ehe, das ist klar. Die zehn Gebote kennen keinen Schwiegervater. In mir entwickelt sich eine innere Härte. In der Firma bin ich auf Kampf gebürstet. Dazu kommen Probleme bei meinen Nebenjobs wie dem Renovieren. Meine ehemals zuversichtliche Sicht auf die Welt verdüstert sich; mein Wunsch nach Harmonie, mein Glaube an Nächstenliebe und Friedfertigkeit verlieren an Kraft.

Zweifel entstehen, ob der Weg in die Gemeinschaft, auf dem ich meiner Mutter folge, der richtige ist. Sie sucht ihr Heil in der Vergangenheit. Mich reizt die Suche nach dem Paradies. Ich finde diese so spannend, dass ich die Gemeinschaft sehr schätze und den Austausch genieße.

Ist das Paradies nur auf einem harten, schweren Weg und nur mit Buße zu erreichen? Diese Frage stelle ich mir. Wie soll es aber dann im Paradies weitergehen? Es muss doch etwas geben, das mir die persönliche Offenbarung bringt. Vermutlich kenne ich die Lösung bloß noch nicht. Bei allen quälenden Zweifeln hilft mir ein weltlicher Spruch wesentlich weiter als die Bibel. Er ist etwas überheblich, aber für mich logisch: „Es genügt mir nicht, dass ich genial bin. Es genügt mir auch nicht, dass ich gut bin. Wichtig ist, dass ich im rechten Moment am richtigen Platz bin." Damit hebt sich der Spruch auf: „Der Klügere gibt nach". Im Grunde ist der Klügere der Dumme. Er lässt sich von den Doofen beherrschen.

•

Mit einer Ehe auf ewig, auch wenn sie unglücklich ist, habe ich mich so gut wie abgefunden. Gefangen in Regeln, die ich nicht aufgestellt habe und die mir die Luft zum Atmen nehmen.

Warum erlauben andere Religionen vier Frauen, andere Ethnien sogar noch mehr? Salomon hatte tausend Frauen, wo liegt das Übel? Mit wachsendem Selbstbewusstsein erkenne ich, dass auch ich Chancen beim anderen Geschlecht habe. Auch wenn ich kein Frauenmagnet bin. Ich will mich nicht mehr fügen.

Wieder und wieder bete ich und bitte Gott über Jesus um Vergebung. Ich widerstehe jeder Versuchung und sündige nicht. Hat Gott uns Männern das Testosteron nur gegeben, um uns damit bis ins Alter zu quälen? Unterdrückte Gefühle und Ängste beschäftigen mich täglich, können aber die Sehnsucht nach einem leidenschaftlichen Körper nicht unterdrücken.

Eine Nacht mit viel Alkohol bei Freundin Marie und ihrem Mann bringt den großen Knall. Ich bändele mit Marie an. Die Ernüchterung folgt postwendend am kommenden Tag. Rosita tobt und spricht mit ihrem Vater. Dann das Tribunal der Zeugen Jehovas. Ausschluss für mich; Verwarnung für Rosita, weil sie mich nicht eigenständig angezeigt hat.

Der einzig Glückliche: Schwiegervater Heinz. Nun hat er sein Ziel erreicht und regelt die Scheidung. Er will allerdings nicht gütlich trennen, sondern mich in seinem Hass regelrecht vernichten. So fordert er Entschädigungen und Versorgungsausgleiche. Diffamiert mich, wo er kann. Die Tage sind schlimm; aber lange nicht so belastend, wie das Horrorszenario, das ich mir über Monate in bunten Bildern ausgemalt habe. Dann kommt endlich die Scheidung nach drei Jahren Ehe. In der Ferne sehe ich einen strahlenden Hoffnungsschimmer auf ein neues Leben mit ungeahnten Freiheiten.

Ich träume von der Selbstständigkeit. Will neue Perspektiven. Ich lerne Hans-Rudi kennen. Er verkauft Versicherungen. Wir sprechen zwei Stunden. Ein Gespräch, das mein Leben verändert. Wir reden über Gott und die Welt, tauschen uns über Hobbys aus, klatschen über Frauen. Ich erzähle ihm von meinem Metallerjob und dem Malerhandwerk – und dem Traum, mich selbständig zu machen. Die Zeugen Jehovas verschweige ich.

Dann kommt sein Knaller, der ins Schwarze trifft: „Wenn Sie sich schon selbständig machen wollen, warum versuchen Sie es nicht mit mir. Bei mir brauchen Sie kein Werkzeug, höchstens einen Kugelschreiber und den bekommen sie als Werbung auch noch geschenkt. Und die Hände werden auch nicht schmutzig." Die Aussicht auf eine neue Chance lockt. Und er macht eine weitere Tür auf: „Und wenn Sie nicht anders können und weiter nebenbei ein paar Mark mit der Malerei verdienen wollen, kein Problem. Hauptsache die Zahlen stimmen."

Ich berate mich mit Freunden. „Deine Arbeitszeit wird sich verlagern. Du wirst abends Termine haben und spät nach Hause kommen, dafür hast du tagsüber viele Freiheiten." Das nervige Dauerklingeln in der Fabrik wird mir nicht fehlen; auch die nörgelnden, miesepetrigen Kollegen nicht. Ich nehme allen Mut zusammen und besinne mich auf das, was ich kann. Das ist eine Chance, die ich mir nicht entgehen lassen kann. Ich sage zu und kündige kurzerhand den alten Job als Metaller. Weg bin ich und weine der alten Zeit keine Träne nach.

Es wird ein Vertrag geschlossen, von dem ich nur einen Punkt verstehe – 1.300 Mark Monatslohn. An einem Wochenende verdiene ich 1.300 Mark mit dem Renovieren einer Dreizimmerwohnung. Mal sehen, ob der neue Job da auf Dauer mithalten kann.

Montagmorgen – Beginn des neuen Lebensabschnittes. Gott sei dank besitze ich wegen des Königreichdienstes zwei gute Anzüge. Ich mache mich schnieke und stehe pünktlich mit Herzklopfen vor Hans-Rudis Tür. Er residiert in einem hochherrschaftlichen Haus mit Doppel- und Schiebetüren. Drei Meter hohe Decken mit Stuck. Das wäre eine Herausforderung zum Renovieren.

Am Empfang werde ich freundlich von einer hübschen Frau begrüßt und zu Hans-Rudi geführt. Sie ist so attraktiv, dass sich meine Schüchternheit nach vorne drängt. Ich bekomme kaum ein Wort heraus. Zum Glück verlässt sie nach dem Servieren des Kaffees den Raum. Hans-Rudi knallt mir zwei Tarifbücher, ein Versicherungsgesetz und einen Leitfaden zum Versicherungsverkauf auf den Tisch. „Die werden wir uns nach und nach vornehmen. Die eine Kladde ist für Lebensversicherungen, die andere für Sachversicherungen. Hier noch das Gesetzbuch zum Stöbern und erste Tipps fürs Verkaufen. Nehmen Sie die Bücher und studieren Sie sie zu Hause. Morgen sehen wir uns um 11 Uhr wieder hier."

•

Das neue Leben: täglich zwei Stunden rumsitzen, einen Ordner mit Zahlen durchkauen und auf Abschlüsse warten. Schlimm und langweilig sind die Schulungstage. Nach drei Monaten bin ich gerade einmal in der Lage, einen Antrag auszufüllen. Gut, dass mich Hans-Rudi unter seine Fittiche nimmt. Von ihm erlerne ich die Grundzüge des Geschäfts.

Per Zufall wünscht sich mein Bruder Gerhard für seinen Sohn und die Zwillinge eine Lebensversicherung in Höhe von jeweils über 5.000 Mark. Freudengeschrei bei Hans-Rudi. „Unglaublich, der Lothar hat drei Versicherungen abgeschlossen. Es geht voran." Was soll da vorangehen? War eher ein unerwartetes Geschenk meines Bruders. Wie ich an Versicherungskunden komme, ist mir nach wie vor schleierhaft. Auch die Begeisterung von Hans-Rudi verstehe ich nicht: „Herr Kollege, ich glaube, Sie haben den Dreh raus."

Ich versuche einen Einwand: „Meine Familie ist nicht so groß. Sie gibt nicht Monat für Monat mehrere Verträge her. Wie komme ich an Kunden ran? Soll ich auf der Straße vielleicht wahllos Passanten ansprechen?" – „Alles nicht so schlimm, lieber Kollege. Erstellen Sie heute Abend doch erst einmal eine Übersicht mit all Ihren Freunden und Bekannten. Die werden wir dann anschreiben." Das fehlt mir noch, dass meine Freunde dran glauben müssen und alle wissen, was ich jetzt mache. Aber habe ich überhaupt noch Freunde nach meinem Rausschmiss aus der Gemeinde?

Hans-Rudi beruhigt mich: „Sie haben doch zwei Jahre Garantie von uns. In dieser Zeit bekommen Sie automatisch Ihr Geld. Danach sind Ihre Einnahmen abhängig von Ihren Verträgen und provisionsabhängig." Seine Worte bedeuten zwei Jahre Urlaub und auf ein Wunder hoffen. Keine annehmbare Perspektive für mich. Meine Fantasie ist gefragt. Ich muss mir etwas einfallen lassen.

Twenty Five

Durch die wöchentlichen Sitzungen und den anschließenden Imbiss finde ich schnell Anschluss an die Gruppe der Außendienstler. Dabei erfahre ich wenig über Versicherungen und Verkauf, aber viel über Frauen, Reisen und Discos.

Ein typischer Tag. Ein großer stattlicher Mann lädt mit durchdringendem Organ die Runde der Kollegen zu einem Bier ein. Fragt dabei anzüglich nebenbei nach Größe und Art des besten Stücks. Seine Art von humorvoller Unterhaltung. Ich wünsche eine Cola. „Cola bezahle ich nicht", poltert er dröhnend durch den Saal. Es ist Mittag. Was soll aus dem Rest des Tages werden, wenn ich jetzt Bier trinke. Sieben Leute um mich - alle trinken Bier. Mit der Cola bin ich ein Außenseiter. Niemanden stört das, nur mich. Die Jungs trinken nicht nur ein Bier, sondern zwei oder mehr - und werden immer lustiger und lauter. Nach zwei Stunden verabschieden wir uns mit der Zusage: „Heute Abend im Twenty Five".

Abends bin ich pünktlich in der berühmten Disco im Europa-Center am Tauentzien. Hier gibt es eine große Bar und eine mittelgroße Tanzfläche mit Discobühne für den Discjockey. Die Besonderheit ist der Bierbrunnen am Eingang. Natürlich ist der Bierbrunnen unser Treffpunkt. Eine kräftige, durchtrainierte Blondine, die in Bayern jeden Sommergarten schmeißen könnte, hält die Gäste bei Laune. Ihr Name: Barbara.

Bei der lauten Musik sind Unterhaltungen unmöglich. Es wird getrunken und gelacht - der Blick der Männer geht dabei unentwegt in die Runde auf der Suche nach attraktiven Frauen. Erstaunlich, wie viele weibliche Gäste allein hier sind. Das habe ich in den Ballhäusern, die ich mit Freunden und unseren Frauen besuche, noch nicht erlebt.

Im Twenty Five findet man eigentlich immer einen Platz an der Bar. Das liegt wohl an den teuren Drinks, Bier gibt es dort keins. Wir stehen am Bierbrunnen, der rundum von Sitzbänken umgeben ist. Große Drängelei. Vor mir ein Rücken. Oft habe ich als Nichtriese quasi einen Arsch auf Augenhöhe vor mir. Ist das Glück mir nicht hold, lässt derjenige einen miefigen Wind ab. Auch wenn auf gute Kleidung im Bierbrunnen geachtet wird – ohne Schlips kommen Männer nicht am Türsteher vorbei – gute Manieren sind nicht zwangsläufig inklusive.

Egal, hier gefällt es mir. Barbara ist immer gut drauf, die Kellner haben einen flotten Spruch drauf und der Clou ist Hans an der Bar. Er macht seine ganz eigene Show mit den Gästen. Hat der Diskjockey einen schlechten Tag, ist Hans die Rettung. Der Bierbrunnen ist unser Treffpunkt, am liebsten stehe ich aber an der Bar. Gerne bestelle ich eine Flasche Jim Bean und nach Bedarf eine Cola dazu.

So viele Mädels. Die ersten Male verschlägt mir ihr Anblick die Sprache. Udo, ein echter Frauencharmeur, Typ James Dean, muss es wissen. Ich frage ihn: „Wie kommst du an die Frauen ran?“ – „Du bist doch als Versicherungsvertreter nicht auf den Mund gefallen. Lass dir was einfallen.“ Was soll ich mit der nicht gerade hilfreichen Antwort anfangen? Erstens bin ich noch kein Versicherungsvertreter und zweitens bin ich gehemmt.

Udo hat kein Problem mit Frauen. Sie fliegen auf ihn und machen eher ihn an. Ich muss mir eine Strategie ausdenken. Zuerst beschäftige ich mich mit dem Gedanken „Wie verhalte ich mich, wenn ich einen Korb kassiere?“ Stehe ich dann da mit rotem

Kopf und alle Welt lacht mich aus? Wer nicht wagt, der nicht gewinnt. Ich nehme allen Mut zusammen und versuche mein Glück. Gehe auf ein nettes Mädel zu und mache brav meinen Diener. Bevor ich was sagen kann, steht sie auf und spaziert mit mir auf die Tanzfläche. Das war ja eine leichte Nummer. Ich brauche gar nichts zu sagen. Jetzt kommt der zweite Akt. Ich kann nicht tanzen. Ist aber auch nicht schlimm. Ich linse nach den anderen Männern und mache es ihnen nach. Einen Schritt vor und wieder zurück. Ist doch gar nicht so schwer. Ich fühle mich ein bisschen wie eine schwankende Boje auf dem Wasser. Nach zwei Tänzen kommt Schmusemusik. Zu viel Nähe, beschließt offensichtlich das Mädel, winkt ab und beendet meine Tanzpremiere. Gott sei Dank. Sie ahnt bestimmt nicht, wie recht mir das ist. Geredet haben wir kein Wort. Mit Udo hätte sie bestimmt den Schmusetanz genossen. Bin ich neidisch? Keine Ahnung. Schön wäre es allerdings, wenn es mit mir und den Frauen leichter ginge.

Leichter läuft es auf jeden Fall im Schlepptau von Udo. Es folgen private Feten, Restaurantbesuche und natürlich steht immer wieder das Twenty Five an. Langsam werde ich selbstbewusster und habe immer öfter Erfolg. Ich blättere mich sogar durch Frauenzeitschriften, um mitreden zu können. Wenn ich was sage, liege ich allerdings meistens daneben. Frauen zu verstehen, ist offensichtlich nicht das Ding der Männer. Ist letztlich auch wurscht. Meine Lösung: einfach ein Stichwort des Tagesgeschehens aufgreifen und drauflosquatschen. Meistens reicht das aus.

Mit immer häufigeren Besuchen im Twenty Five erkenne ich immer mehr Gesichter wieder. Sie geben mir das Gefühl, hier am richtigen Platz zu sein und meine verlorene Jugend nachzuholen. Ich will mich vergnügen, mehr nicht. Manche Mädels sind schon interessiert an mir, aber für feste Bindungen ist es zu früh. Ich gehöre zu den ewig Suchenden – schnell verliebt und auch schnell wieder getrennt. Ein aufregendes Karussell der Gefühle.

Barbara

Mit den Mädels am Bierbrunnen mache ich Geschäfte. Heute mit Barbara. Sie lädt zu sich nach Hause ein. An ihrem freien Tag. Ist gebongt. Sonntagmittag um 12 Uhr ist für Barbara Frühstückzeit. Sie macht mir im Morgenrock auf. Küsschen links, Küsschen rechts, dabei merke ich, dass sie nichts darunter trägt. Beruflich ist sie immer etwas freizügiger, warum soll sie zu Hause also verklemmt sein? Ich darf auf der Couch Platz nehmen, bekomme Kaffee und Plätzchen angeboten und höre mir so manchen Zwist hinter den Kulissen des Twenty Five an. Wichtige Hinweise für meine weiteren Verhandlungen.

Ein Glas Sekt steht bereit. Dies erstaunt mich, denn am Bierbrunnen trinkt Barbara so gut wie nie Alkohol. Als die Frage kommt, warum ich hier bin, hole ich mein Tarifbuch heraus und platziere es neben mich auf die Couch. Sie setzt sich ebenfalls auf die Couch, das Buch liegt zwischen uns. Mein Gedanke: „Schade, sie hält Abstand. Reiß dich zusammen, Lothar, sonst vermasselst du dir die Quelle neuer Verträge."

Barbara macht auf neugierig. „So, jetzt zeig mir, was du Tolles zu bieten hast." Sie beugt sich über das Buch, als wenn Tabellen sie interessieren würden. Dabei öffnet sich der Morgenmantel und ihre Brüste fallen heraus. Das ist die Einladung, auf die ich gehofft habe und die meine moralischen Grundsätze wie Seifenblasen zerplatzen lässt. Wie erkläre ich nun Hans-Rudi die Flecken im Tarifbuch?

Wir treffen uns am Mittwoch wieder. Am Tresen des Bierbrunnens gibt es ein Küsschen von Barbara für mich. „Meine Freundin möchte auch so einen 624er Vertrag", überfällt sie mich zu meiner Freude. Ich muss wohl nicht schlecht gewesen sein. Barbara wird zu meiner treuesten Vermittlerin und wir feiern das häufig privat – allerdings für meinen Geschmack zu selten.

Nebenbei erfahre ich, dass Barbara eine Freundin hat. Das lässt mich ahnen, dass Barbara nichts verschmäht und bisexuell ist. Vielleicht, vielleicht, vielleicht – ich traue mich nicht, den verruchten Gedanken zu Ende zu denken.

Tage später stehe ich am Bierbrunnen und eine wahre Erscheinung läuft an mir vorbei – sexy, atemberaubend, einfach überirdisch. Sie bleibt am Pfeiler stehen, der den Raum zwischen Bar und Bierbrunnen trennt. Trotz der Musik habe ich das Gefühl, dass alle Stimmen verstummen. Barbara sieht sie auch und sagt zu mir: „Hol sie her." Entsetzt schau ich sie an und erwidere: „Ich bin doch nicht ihr Kaliber. Sie kann sich hier jeden greifen und sie wählt ganz bestimmt nicht mich." – „Blödsinn, ich mag dich doch auch." Das hat gesessen. Fast bin ich ein bisschen beleidigt. Ich fühle eine Spur von Frust. Ganz kleinlaut entgegne ich: „Barbara, bei dem Anblick verschlägt es mir einfach die Sprache, was soll ich ihr nur sagen?" – „Sag doch einfach: Ey, Torte, meine Freundin und ich wollen dich. Dabei zeigst du dann auf mich." – „Primitiver geht's wohl nicht?" Barbara lächelt mich ein bisschen mitleidig an: „Warte mal, ich schau sie mir mal von Nahem an."

Sie winkt einen Kellner heran, der den Tresen des Bierbrunnens übernimmt und gibt vor, auf Toilette zu gehen. Sie stellt sich kurz neben die scharfe Braut, sodass ich denke: „Jetzt macht sie alles klar." Aber nein, Barbara fällt offensichtlich auch nichts Zündendes ein. Sie kommt zurück und meint: „Sie sucht Anschluss. Beeil dich, bevor es ein anderer versucht."

Meine Aussichten schätze ich auf 1 zu 20. Ein Erfolg würde mich überraschen. Körbe bin ich gewohnt. Ich bin nicht Udo. Aber ich mache mich auf den Weg, stelle mich neben das Objekt meines Begehrens und frage, ob sie mit mir tanzen will. Sie schaut mich an und geht zur Tanzfläche. Das Herz rutscht mir in die Hose. Ich tapere unsicher hinterher, wäre fast noch über einen Hocker gestolpert.

In dem Moment, in dem wir uns auf der Tanzfläche gegenüberstehen, wechselt die schnelle Musik ins Langsame. Heute ist mein Glückstag. Ich flüstere ihr ins Ohr: „Sie habe ich hier noch nie gesehen. Sind Sie auf Berlinbesuch?" Was Blöderes kommt mir nicht in den Kopf. Und was antwortet sie? Ja, sie sei mit einer Schulklasse aus Paris zu Besuch, es wäre der letzte Tag und an dem wolle sie mal alleine ausgehen. Und das Ganze mit unwiderstehlichem französischem Akzent. Jetzt werde ich zum Gentleman: „Ich habe das Gefühl, dass das hier nicht so der richtige Platz für Sie ist." Sie: „In Paris gibt es viel schönere Lokale. Und die sind auch nicht so laut." Meine Chance: „Ich bin gern bereit, Sie in der Stadt herumzuführen. Auf der Plattform hier oben im Hause gibt es übrigens einen tollen Ausblick über Berlin." – „Mais oui, gerne." Ihr französischer Akzent umhüllt mich wie die Wellen buddhistischer Klangschalen. Glückseligkeit überschwemmt meinen Körper.

Nach zwei Stunden halten wir Händchen und auf dem Weg zu ihrem Hotel küssen wir uns. Wir tauschen unsere Telefonnummern. Mehr passiert nicht in dieser Nacht. Ich will sie wiedertreffen und rufe immer wieder an – vergeblich. Auch wenn ich nie wieder von ihr höre, verbuche ich diesen Kontakt als Erfolg. Er legt sich wie Balsam auf meine Seele und stärkt mein männliches Selbstbewusstsein.

Was ich nicht weiß: dass ich an dem Abend zum Thema werde als „der Dicke vom Twenty Five mit dem Jackpot". Dass über mich gesprochen wird, ist neu und hinterlässt ein seltsames Gefühl. Alle Augen lagen auf der französischen Schönheit, ich stand klar in ihrem Schatten. Aber gerade, weil wir nicht zusammenpassten, erzeugte das Neugier. „Wie hast du das bloß geschafft?", wollen die Jungs wissen. Keine Ahnung. Ich trete ungewollt in die Fußstapfen von Udo. So wie man ihn gerne um Rat fragt, will man nun auch von mir Tipps, wie man die heißesten Bräute aufreißt. Welch Ironie des Schicksals.

Unerwartet finde ich mich in der Rolle des Gigolos wieder. Das gibt mir die Chance dazuzulernen. Eine wichtige Erfahrung: Es gibt offensichtlich Charaktere, die nicht unbedingt nur auf das Äußere schauen. Das macht mir Mut.

Auch wenn die plötzliche Anerkennung nicht von Dauer ist, zahlt sie sich aus – ich schließe weitere Geschäfte im Twenty Five ab. Viele suchen den Kontakt zu mir, ein Versicherungsantrag kommt zum anderen. Mittlerweile gehöre ich quasi zum lebenden Inventar und es fehlt im Grunde nur noch ein eigenes Büro in der Disco.

Alain-Delon-Verschnitt

Beim Bistrotreffen nach einer Sitzung taucht ein neuer Versicherungsspezialist auf. Er sieht aus wie Alain Delon. Neben gutem Aussehen bringt er ein großes Maul mit; ist überzeugt, der größte Frauenaufreißer aller Zeiten zu sein. Gerne fordert er Menschen heraus und freut sich, wenn er andere sprachlos macht. Auch mich hat er auf dem Kieker und fragt: „Heute hat eine Frau angerufen und wollte den Mann mit der dicken Plauze sprechen. Da müssen doch wohl Sie gemeint sein?" Spricht und schüttelt sich vor Lachen. Einige Kollegen grinsen. Nur die, die schon ihr Fett abbekommen haben, bleiben stumm.

Schon nach kurzer Zeit wird dieser Alain-Delon-Verschnitt lästig. Regelmäßig ruft er alle Außendienstler an und fordert von uns mehr Einsatz und Geschäftsabschlüsse. Er würde auch mit uns Kunden besuchen, sagt er, dann könnten wir von ihm, dem weltbesten Verkäufer, lernen. Hans-Rudi grinst, als ich ihn frage, was der Mann da treibt. „Der ist angeheuert worden, um die Organisation nach vorne zu bringen und mehr Umsatz einzufahren. Da oben denkt man, wir seien zu passiv. Die Zentrale ist der Meinung, Berlin schlummere vor sich hin und müsse wachgerüttelt werden."

Hans-Rudi redet sich langsam in Rage: „Die glauben, wir leben von den Berlin-Zuwendungen und ruhen uns darauf aus. Das soll der Alain-Delon-Verschnitt nun ändern. Mit uns Agenturinhabern macht er das Gleiche. Und das geht uns auch gehörig auf den Wecker. Soll er doch erstmal zeigen, was er reißen kann. Nur die Mädels, an denen bleibe ich selber am liebsten dran", lacht er.

Ich nehme den Alain-Delon-Verschnitt, kurz ADV genannt, unter die Lupe. Eigentlich ist er ganz vernünftig und umgänglich. Nur wenn drei Leute und mehr zusammenhocken, spielt er den großen Zampano. Er erkennt schnell meine Lücken. „Ich weiß nicht, was Hans-Rudi dir beigebracht hat, viel ist es jedenfalls nicht", stellt er fest und macht mir einen Vorschlag, den ich nicht ablehnen kann. „Lass uns am Wochenende zum Wannsee fahren. Da setzen wir uns auf mein Boot, genießen die Sonne und ich bring dir das Verkaufen bei." Ich werte sein Angebot als Sympathiebekundung.

Ein paar Tage später schaukeln wir gemütlich auf seinem Boot und er erzählt mir, wie er in die Versicherungsbranche gekommen ist und ständig durch sein großes Maul ins Abseits gerät. Und wie er reagiert, wenn er Recht hat – oft aggressiv. Seine Lehren für den Versicherungsalltag sind drastisch. Eine Unfallversicherung ist mit dem blutigen Handtuch zu verkaufen. In einer Familie mit einem Kleinkind soll man das Kind als größten Schatz anpreisen – und dann vom Schmetterling zum Vampir werden. Was alles passieren kann: Stürze, Unfälle, schlimme Krankheiten. Vor den inneren Augen der Eltern muss man den Zwerg zerfleischen, Gliedmaßen zerbrechen, Querschnittlähmung oder Tod heraufbeschwören. Bis der Frau dicke Tränen die Wangen herabkullern und der Mann unterschreibt.

Viele Freunde hat ADV nicht. Nur einen Ingenieur vom TÜV. Der weiß alles noch besser als er und schulmeistert bei jeder Gelegenheit. So was kann ich nicht gut leiden. Will dieser Klugscheißer mit auf den Wannsee, muss meine Mutter herhalten. Dann habe ich dringende Verpflichtungen, unaufschiebbare Termine.

•

ADV hat einen herrischen Charakter. Immer häufiger trinkt er, auch im Büro. Er neigt zur Gewalt. Seine angeheiterten Witze müssen belacht werden. Bei einem gemeinsamen Weltmeister-Fußballspiel, zu Hause bei ADV, darf niemand etwas zu Gunsten der gegnerischen Mannschaft sagen. Sonst gibt es eine Kopfnuss. Ein geselliger Abend mit ihm endet meistens mit Beleidigungen, an die er sich am nächsten Tag nicht mehr erinnert. Den meisten reichen zwei Abende dieser Art. Danach werden sie kreativ und erfinden schwungvolle Absagen. Er selbst hält sich für einen geistesgewandten Spötter, wundert sich aber, warum er und seine Frau bei einem Betriebsfest alleine an einem Galatisch sitzen und sich alle anderen rundherum zusammen vergnügen.

Ein erfolgreicher Tag muss gefeiert werden, so die feste Überzeugung von ADV. Und erfolgreiche Tage gibt es einige. Sitzt man dann gemütlich – gemütlich im Sinne von ADV – beisammen, nimmt er gerne den einen oder anderen aufs Korn. Und kippt immer mal wieder ein Gläschen routiniert hinunter. Das hebt seine Stimmung. Acht Leute sitzen am Tisch und jeder bekommt sein Fett weg. Er amüsiert sich. Im Gegenzug sinkt die gute Laune bei den Außendienstlern. ADV holt eine frische Flasche Cognac hervor. Vier der Jungs wissen, was auf sie zukommt, springen auf und haben plötzlich dringende Termine. Mit mir hat er etwas zu besprechen, ich soll bleiben.

Dazu kommt es aber nicht mehr, denn einer der noch anwesenden Kollegen fängt einen Streit mit ADV an, bekommt eine Schelle. Eins kommt zum anderen und ehe ADV sich versieht, hat er ein blaues Auge. Der Kollege und ich nehmen den um sich schlagenden ADV unter die Achseln und verfrachten ihn ins Auto. Seine Frau ist nicht begeistert, ihn abzuholen. Als sie ankommt, ist der Gatte in seinem Rausch bereits auf dem Rücksitz eingeschlafen. Wir geben ihr die Autoschlüssel und bieten an, ihn ins Bett zu schaffen. „Das ist nett von euch, aber die Mühe können wir uns sparen“, sie kennt die Situation offensichtlich. „Wenn er nicht spurt, lass ich ihn im Auto liegen. Irgendwann kommt er angekrochen und bettelt um Vergebung.“

Alltagstrott

Im Versicherungsgeschäft ist mehr Geld zu verdienen als mit Maleraufträgen - das weiß ich inzwischen. Jeden Malerkunden spreche ich während meiner Arbeit natürlich auf eine Versicherung an. Hantiere ich zum Beispiel an Steckdosen, weise ich auf Kabelbrand hin. Mein Eimer Kleister - er kann schließlich umfallen - ist immer ein guter Aufhänger für Wasserschäden. Wasserschäden sind übel, bedeuten jede Menge Ärger, Renovierungsaufwand und Kosten natürlich.

Aus dem Malergeschäft resultieren wenige direkte Versicherungsabschlüsse, dafür umso mehr Empfehlungen. Sicher, eine komplette Wohnungsrenovierung innerhalb von 20 bis 30 Stunden bringt mehr Geld als eine Hausratversicherung mit Beratungsumfang von einer Stunde. Auch 30 Hausrat-Versicherungen wiegen die Handwerksarbeit nicht auf. Aber es gibt ja noch Lebensversicherungen und Bausparverträge. Da locken hohe Provisionen.

Ein Versicherungskollege sieht dem Hauptdarsteller im Film Frankenstein, Boris Karloff, verdammt ähnlich. Kantiger Kopf, markantes Kinn, übertriebene Tonsur und Überbiss. Groß und sportlich gestählt. Sein Hobby: Schauspielerei. Seine Lieblingsrolle: Bösewicht. Seine Stimme: grausam laut mit leicht femininer Note. Leider braucht das Theater nicht so viele Bösewichte, deshalb reicht das Geld nicht zum guten Leben. Er braucht einen Broterwerb und den sucht er bei uns. Schön ist, dass ich durch ihn die Gelegenheit erhalte, im Theater des Westens ein Stück mit Inge Meisel zu sehen und mich im VIP-Bereich des Theaters als etwas ganz Besonderes zu fühlen.

Aus dem Hineinschnuppern in die Versicherungsbranche sind inzwischen fast zwei Jahre geworden. Ich nehme den Job ernst. Wenn ich mal in einem Monat keinen Antrag zustande bringe, plagt mich mein Gewissen.

Die unterschiedlichsten Typen bestimmen mein Leben. Viele schräge Vögel sind dabei. Manche sind innovativ, von ihnen kann ich lernen. Irgendwann setzt ADV durch, dass ich in die Grunewaldstraße versetzt werde. Ich lerne seine Kunden kennen, die ins Büro kommen und Verträge mit mir abschließen. Nur die VIPs behält ADV für sich. An Bruno Gans oder Paul Hubschmid oder einen Hersteller von Salatfeinkost lässt er mich nicht ran. Ich lerne, dass auch bekannte Persönlichkeiten ganz normale Menschen sind. Sie stehen in der Agentur wie jeder andere auch. Es gibt keinen Glimmer und keine Pathetik um sie herum. Wie sagt ADV so schön: „Die Autogramme sind nur auf dem Antrag wichtig."

ADV kennt vor allem zwei Themen – Versicherungen und Automobile. Wenn wir durch die Straßen fahren, erkennt er selbst bei parkenden Autos, von denen nur die Heckleuchte zu sehen ist, sofort den Typ. Sofort rasselt er alle wichtigen technischen Daten runter. Auch von Oldtimern hat er Ahnung.

In der Agentur ist er selten in Versicherungslektüre vertieft; in dem Metier beherrscht er wohl alles mit links. In Händen hält er stattdessen die „MotorWelt" oder andere Fachzeitschriften. Sein Salatfeinkostherstellerfreund ist noch besessener. Er besitzt einen Stall von Oldtimern. Auch einen Mercedes 300 mit Flügeltüren. Am besten hockt dann noch eine heiße Frau auf dem Beifahrersitz. Dann ist sein Glück perfekt. Später gibt er den Schlitten an einen Schweizer für ein Mehrfaches seines eigenen Kaufpreises weiter. Ich darf den Mercedes noch nicht einmal anfassen, wenn der Salatfeinkostherstellerfreund uns in der Agentur besucht. Absolut tabu. Die Angst sitzt tief, dass ein Kratzer an das gute Stück kommen könnte. Nicht zu Unrecht. Neben den Enthusiasten gibt es mehr Idioten auf der Welt, die nur aus Neid solche Autos beschädigen.

Der Autowahn von ADV geht so weit, dass er sich einen VW 1500 für Kreuzberg, einen Daimler Benz mit Doppelaugen für normale Kunden und einen Maserati Gibli für spezielle Kunden kauft. Ob dadurch für ihn mehr Geschäft rausspringt, kann ich nicht beobachten. Auf jeden Fall werden die Autos immer exklusiver. Irgendwann nimmt ADV sogar einen eigenen Kfz-Meister unter Vertrag. Niemand überprüft ihn. Er gilt sogar als Vorbild für andere Geschäftsstellen.

Ab und zu mache ich mir die Mühe, seinen Tagesablauf nachzuvollziehen und die Anträge seines Teams zusammenzuzählen. Ich frage mich, woher das Geld für seine Extravaganzen stammt. Meine Verträge können es nicht sein. Die der Kollegen auch nicht. Durch einen Versprecher eines Insiders bekomme ich auf einer Bootsfahrt mit, dass ADV geerbt hat. Leben auf geschenktem großem Fuß also.

Mein Vertrag läuft bald aus. Immer häufiger lese ich in Fachzeitschriften die Stellenanzeigen. Traue mir aber selbst nicht viel zu. Ich bin noch nicht so weit, mich mit Selbstbewusstsein anzupreisen. Ich verkaufe zwar und werfe mit Schlagwörtern um mich, verfüge aber über kein tieferes Wissen in Versicherungsfragen. Ein Trost: Jeden Tag lerne ich dazu.

•

Ich habe ein Gespräch unter vier Augen mit dem neuen Direktor. „Tja, Lieber Herr, jetzt wird sich alles ändern." Er macht die Vitrinen auf und zeigt auf die umgefallenen Tarifbücher. „Ich bringe den Laden auf Vordermann". Wenn das alles ist, denke ich. Ein paar umgefallene Bücher stehen schnell wieder in Reih und Glied. Er fährt fort: „Ich will Erfolge sehen. Ab sofort ist Schluss mit den internen Streitigkeiten über Lappalien, die sind nur hinderlich fürs Geschäft. Wir müssen eine Gemeinschaft sein. Wir haben das Zeug, zur Nummer eins in der Branche zu werden."

Markige Worte. Weiß der Mann, dass er in Berlin ist? Die Stadt ist überschwemmt von Wehrdienstverweigerern und Studenten, die lieber demonstrieren als studieren. Eine Stadt, die durch ihre politische Insellage am Leben erhalten wird und am Tropf der Subventionen hängt. Eine Stadt, in der Unternehmer es schwer haben. Ich denke mich in Rage. Ich sehe mich umgeben von Menschen, die sich mit der Rolle als Vorposten des Kalten Krieges abgefunden haben und bei denen pure Gleichgültigkeit herrscht. Wie will man die aus ihrem Sumpf herausziehen und Schwung in die Bude bringen?

Dann die Gastarbeiter der zweiten Generation; die sich weder als Gäste noch als Arbeiter sehen und von den Zuwendungen unseres Wirtschaftswunders leben. Familien, in denen Männer mit bis zu vier Frauen schnell mal 20 Kinder zeugen und die gesamte Verwandtschaft über die eigene Sozialversicherung behandeln lassen. In diesen Moloch kommt nun der neue Direktor aus dem fernen Bayern und will Berlin retten. Na, der wird sich noch wundern.

Eines Tages kommt ein Kollege, passionierter Segler, mit offener Lederjacke in die Direktion. Das Hemd – halb geöffnet – gibt den Blick frei auf seinen stattlichen Brustpelz. Darüber glänzt eine Goldkette. Er sieht gut aus. Aber nicht für unseren Direktor. Der Segler rennt ihm direkt in die Arme und bekommt einen Anschiss, den man bis in die vierte Etage hört: „Was denken Sie eigentlich, wer Sie sind; ein Rocker, ein Revoluzzer? Wie Sie aussehen, einfach widerlich. So gehen Sie nicht zum Kunden. Sie ziehen sich gefälligst was Ordentliches an."

Der Segler bleibt, einen Kopf größer als der Direktor, seelenruhig; schaut auf das erhitzte Gesicht unter sich. Als der Kleine Luft holt, meint er gelassen: „Ich habe Urlaub und bin nur hier, um die letzten Anträge abzugeben." Das wutentbrannte Gesicht wird noch röter, aber jetzt vor Scham. Alle Türen auf dem Gang fallen schnell und leise ins Schloss. Das hinter Ecken lauschende Personal verschwindet auf leisen Sohlen. Mit kleinem Lächeln auf den Gesichtern. Das Haus hat eine neue Geschichte.

Menschen

Als Versicherungsmann lerne ich viele interessante Kunden kennen. Einmal habe ich mit dem zweitbesten Querflötenspieler der Welt zu tun, so beschreibt er sich zumindest selbst. Als Angestellter im Symphonieorchester ist er beihilfeberechtigt. In Berlin muss er erscheinen, wenn der Dirigent ruft. Sein wirkliches Geld verdient er nach eigener Aussage jedoch in den Pausen zwischen seinen Pflichtauftritten. Er ist gefragt in Asien, aber am liebsten tourt er durch Südafrika. Stolz zeigt er mir einen eigens für ihn angefertigten Mantelumhang aus Leopardenfell, Geschenk eines Ministers.

„Manche Auftritte in Südafrika bringen mir mehr ein als ein Jahr in der Philharmonie", verrät er mir. „Aber hier bin ich abgesichert und bekomme Pension. Weiß ich, was noch passiert? Und außerdem bin ich in der Karl-Marx-Straße in dieser Stadt zu Hause." Er zeigt mir seine geräumige große Wohnung, die einstmals einem Schuldirektor gehörte. Ich staune, als ich sein Übungszimmer sehe. Wände, Decke, Türen und Fenster - alles ist mit Eierpappen verklebt und schalldicht isoliert. „Hier fühle ich mich mit meinen Flöten am wohlsten. Hier kann ich so richtig aufdrehen und sogar mit Verstärkern oder lauter Begleitmusik spielen. Niemand wird gestört." Er holt aus einem Samtkasten mit Goldbeschlägen seine Lieblingsflöte heraus und spielt mir ein paar Melodien vor. Ergriffen von der Musik, läuft mir ein kalter Schauer über den Rücken, mir stehen sozusagen die Haare zu Berge. Eine Größe der Musikwelt gibt mir ein persönliches Ständchen. Mir, der ich noch nie ein komplettes Konzertstück gehört habe.

Ob es mir gefallen hat, fragt er. Was soll ich antworten? Musik verbinde ich eher mit Zapfenstreich oder Marschmusik. Die Holzflöte, die meine Schwester in meiner Kindheit gespielt hat, kann auch nicht als besondere musikalische Bildung herhalten. „Ich mach es kurz", er erlöst mich aus meiner Unsicherheit. „Warum ich so spiele, wie ich spiele, liegt an meinen Schneidezähnen. „Hier oben, der linke Zahn steht seit jeher etwas nach vorne. Ich glaube, wenn dieser Zahn aus irgendeinem Grund ausfallen würde, könnte ich nicht mehr die Nummer eins unter den Flötenspielern werden." Er lacht. Jetzt komme ich mit meinem Wissen: „Dann würde der Zahn ersetzt. Ob Sie dann noch so spielen würden wie sie spielen, ist allerdings eine andere Frage. Hier rate ich zu einer Berufsunfähigkeitsversicherung. Aber ob die exakt auf Ihre Situation zugeschnitten ist, kann ich nicht sagen. Hier müsste ich bei Lloyds in London anfragen."

Nach diesem für mich unvergesslichen Besuch bringe ich seine Beihilfetarife auf den neuesten Stand. Seine Sorge um den Zahn kann ich gut nachvollziehen, auch wenn die Kollegen sich darüber amüsieren. Ich höre jede Menge dumme Sprüche. Andere lassen sich quasi Füße und Hände abhacken, um die Berufsunfähigkeitsrente oder Unfallversicherungen abzukassieren, das kennt man; aber ein blöder Zahn sei kein Verlust, das ist die einhellige Meinung.

Der zweitbeste Flötenspieler der Welt bedankt sich am Schluss für meine Mühe und schenkt mir eine Langspielplatte mit Autogramm.

•

Rund um die Verwaltung sind Parkplätze knapp. Das führt bei vielen zum Verzweiflungsparken auf dem Hof, indem sie einfach einen reservierten Mieterplatz besetzen. Vielleicht ist der

Betreffende ja länger unterwegs. Ich versuche eines Tages mein Glück - und habe Pech. Der rechtmäßige Inhaber stellt sich quer und ich komme nicht raus. Ich muss aber zum Termin, verdammt. Frau Dida aus der Verwaltung hat eine diebische Freude, als sie mich vom Hinterhoffenster aus beobachtet. Ob sie wisse, zu wem der Parkplatz gehört, frage ich sie. „Dort parkt Hansi Rosenthal, der bekannte Moderator der Quizsendung ‚Dalli Dalli'."

Ich gehe den demütigenden Weg nach Canossa und staune, dass ein so erfolgreicher Mann in so einem bescheidenen Haus wohnt. Ich werde freundlich von der Sekretärin empfangen. Kein Geschrei, keine Vorwürfe. „Hans, hier möchte jemand Abbitte leisten." Sie führt mich in sein Büro, das sich so düster und abgewohnt präsentiert wie unsere Versicherungsräume. Er schaut von seinem Schreibtisch hoch, sagt nichts und wartet auf meine Entschuldigung. Mir fällt nichts Einfältigeres ein, als zu stammeln: „Ich wusste nicht, dass das Ihr Parkplatz ist. Jetzt weiß ich es und bin froh, Sie kennenzulernen. Endlich kann ich Ihnen mal sagen, wie großartig ich Ihre Quizsendung finde. Meine Frau und ich halten uns immer die Zeit frei, um Ihre Sendung zu gucken." Schleim, Schleim. Er lächelt, glaubt mir kein Wort. Steht auf, geht mit mir runter und lässt mein Auto frei.

Ein toller Mann. Davon können sich die Streithähne hinter den Fenstern der Versicherungsagentur eine Scheibe abschneiden.

•

Bei einem Gespräch mit einer Kundin erfahre ich, dass sie als Lehrerin an der Gerhart-Hauptmann-Schule in Kreuzberg unterrichtet. Also an der Schule, die ich bis zu meiner Lehre besucht habe. Als ich sie darauf anspreche, wird sie plötzlich zugänglich; ist verwundert, was ich aus mir gemacht habe. Sie klagt mir ihr berufliches und erzieherisches Leid. „Diese Typen, die ich täglich unterrichten muss, interessieren sich für nichts und lassen sich nicht motivieren. Nach meiner Erfahrung kommen bis zu 90 Prozent nicht auf die Füße und schaffen sich keine berufliche Perspektive. Schön, jemanden wie Sie kennenzulernen, der anders ist."

Ich frage nach den alten Lehrern Quiring, Domasch und meinem Lieblingsbastler Werner. „Die Kollegen kenne ich nicht. In letzter Zeit ist an dieser Schule ein ewiges Kommen und Gehen. Wer hier seinen Lehrauftrag nicht erfüllen kann, der lässt sich versetzen. Wir haben schon lange alle Versuche aufgegeben, die Kinder ordentlich zu erziehen. Unsere Mühe, Zugang zu ihren Seelen zu bekommen und sie auf den richtigen zu Weg führen, wird uns in Elternversammlungen als Kumpanei vorgeworfen." Resigniert fährt sie fort: „Wenn wir von einer Lehre, einem ordentlichen Beruf sprechen, reden die Jungs von unsinniger Maloche, die Mädels von unfairer Abzocke. Wir kommen einfach nicht an sie ran."

Ein interessanter Vortrag. Immer wieder denke ich an das Gespräch, wenn ich in Kreuzberg unterwegs bin. Was ist aus diesem Bezirk geworden? Könnte ich als Knirps immer noch von der Manteuffelstraße bis zur Schule laufen? Oder wäre das zu gefährlich? Am Görlitzer U-Bahnhof vorbei an der Kneipe – da prügeln sich Zuhälter oder Besoffene. Auch an der Ecke Wiener Straße mit der vergitterten Polizeiwache in der ersten Etage ist immer was los; ein Kommen und Gehen düsterer Typen, viele in Handschellen, viel Geschrei. Passiert ist mir zu meiner Schulzeit nie etwas, wäre das aber heute immer noch so?

Auf der Messe

Irgendwann veranstaltet die Zentrale einen Malwettbewerb für einen Messestand. Alle Künstler unter uns sollten den Versicherungsbegriff bildlich darstellen. Der erste Preis: eine Sicherheitsnadel, bei der in der Fläche unter der runden Feder eine friedliche Landschaft erscheint. Ich mache daraus eine dreidimensionale Sicherheitsnadel in drei Meter Größe. Aufsehenerregender Eyecatcher am Messestand.

Das Thema unserer Ausstellung soll der Tarif für Krafträder sein. Also muss ein Motorrad her. Das Glück spielt mir zu. Ich stehe gerade an der Kreuzung Kaisereiche, da hält eine Viertakt-Harley in Himmelblau. Ich gebe dem Fahrer ein Zeichen, dass ich ihn sprechen möchte. Er hält und sieht mich an. Ich erkläre ihm, dass wir sein Motorrad für eine Ausstellung brauchen, und schmeichele ihm, indem ich seine Harley in den höchsten Tönen lobe. Er will 2000 Mark Miete für eine Woche, eventuelle Beschädigungen sind voll ersatzpflichtig und er braucht natürlich ein Ersatzmotorrad. ADV zeigt sein ganzes Können und drückt seine Mietvorstellung auf 500 Mark. Mit dem Rest ist er einverstanden.

Am Stand scharrt sich das Volk um die Harley. Für alles andere gibt es kein Interesse. Unser Messestand sorgt für Furore. Der große Zulauf spricht sich bis in die Zentrale herum. Kurzerhand macht sich der Vorstand samt Werbeleiter auf den Weg nach Berlin, um sich selbst einen Eindruck zu verschaffen. Das Resultat: Lob und Anerkennung prasseln auf uns nieder. Meine Brust spannt sich in unbändigem Stolz – und stellt zumindest einmal meinen stattlichen Bauch in den Schatten. Nur einer ist sauer und steht im Abseits, der Werbeleiter. Als der Vorstandsvorsitzende ihn auf unseren großartigen Stand anspricht, kommt nur ein knappes „Schön". Anscheinend passt ihm nicht, dass ihm jemand die Ideen und damit den Erfolg stiehlt. Als Dankeschön bekomme ich im Nachhinein ein schmuckes Feuerzeug mit Widmung. Meine Freude währt allerdings nur kurz. Dummerweise wird es mir wenig später im Twenty Five an der Bar geklaut.

Ein Pärchen, das der Sanierungswelle Kreuzbergs zum Opfer fällt, bringt mich auf eine Idee. Kreuzbergs Häuser werden kernsaniert. Das heißt, Mieter werden rausgesetzt und zum Beispiel zum Senftenberger Ring zwangsumgesetzt. Die beiden haben keine Wahl. Sie nehmen es gelassen. Auch zusätzliche Fahrzeit mit der U-Bahn zur Arbeit macht ihnen nichts aus. Sie freuen sich auf den Neubau und schwärmen von Zentralheizung, Fahrstuhl und Thermopanefenstern. Korrekt heißen diese einbaufertigen Fenstereinheiten im sperrigen Deutsch allerdings: Schutzglasisolierverglasungen.

Der Luxus in Kreuzberg heißt Kastenfenster. Es hebt sich qualitativ deutlich von einer Einfachverglasung ab. Wer denkt daran, dass Schäden teuer werden können? Und wer denkt daran, dass die guten Stücke auch versichert sein müssen? Niemand. Meine Chance. Das Pärchen ist mein erstes Opfer. Der Antrag ist zum Üben da. Hans-Rudi, mein Mentor in Versicherungsfragen, freut sich.

Ich rufe die Hausverwaltung an und frage, ob ich die Neuankömmlinge über die besonderen Umstände im Zusammenhang mit den Fenstern unterrichten darf. Der Mann am anderen Ende versteht nicht, wovon ich rede. Ich erkläre es geduldig. Dass ich eine spezielle Versicherung anbiete, die im Schadensfall keine acht Mark beim notwendigen Auswechseln eines Fensters kostet, und dass deutliche höhere Kosten ohne entsprechende Versicherung aufkommen. „Ja, machen Sie doch“, seine lapidare Antwort.

Das Pärchen zieht ein. Ich beschaffe mir einen weißen Kittel, eine Kladde und einen Zollstock und fange im ersten Aufgang an. Ziehe von oben nach unten, gehe von Tür zu Tür, bin sozusagen im Auftrag der Hausverwaltung unterwegs. Zu meiner Überraschung wird mir selten die Tür vor der Nase zugeschlagen. Anders als beim Missionarsdienst bei den Zeugen Jehovas. Ich führe viele Gespräche und habe wenig Zeit. Für jeden Aufgang gebe ich mir eine Woche. Meine Bilanz? Pro Aufgang zwischen fünf und acht Verträge. Und es springen nicht nur reine Glasverträge heraus. Fantastisch. Goldgräberstimmung bei mir.

Meine Aufklärung bringt auch der Konkurrenz Geschäft. Mancher lässt sich von mir beraten und geht dann zum Wettbewerber, weil dort ein Freund arbeitet. Aber das ist Alltag in meinem Geschäft. An meiner Argumentation – das weiß ich – muss ich noch feilen. Die kann ich bei Hans-Rudi nicht lernen. Das befreundete Pärchen berichtet mir auf jeden Fall zuverlässig, wenn ein weiterer Aufgang bezugsfertig ist und die Umzugswagen wieder vor einem der Häuser stehen.

Der Senftenberger Ring trägt allerdings nicht nur den Ring im Namen, sondern ist tatsächlich auch einer. Und ein Ring schließt sich nun einmal, irgendwann ist man rum. Schade.

•

Wer findig ist, kommt immer weiter. Bei einem Versicherungsgeschäft habe ich Hans-Rudi dabei. Eine gute Entscheidung. Besuch bei einem Paar in der Potsdamer Straße. Beide sind bürgerlich gekleidet, die Wohnung spiegelt den Glanz der 60er – Schrank, Couchgruppe, Tisch und Beistelltisch mit Lampe. Die Frau bringt Kaffee und Kekse, bleibt aber stehen.

„Meine Herren, nicht wundern, es geht um meine Frau, sie muss aber jetzt arbeiten", sagt er beiläufig. Ja, warum auch nicht. Wir ahnen nicht, worum es geht. Es klingelt an der Haustür und sie geht. Wir bekommen nicht mit, dass die Lampe auf dem Beistelltisch angegangen ist. Ich stelle Hans-Rudi als Spezialist für Krankenversicherungen vor und er redet drauflos. Nebenbei hören wir, dass sich im Hintergrund jemand verabschiedet. Die Lampe auf dem Beistelltisch geht aus. Vielleicht ein Wackelkontakt? Wir schenken der Sache keine Beachtung. Kurz darauf schlägt die Tür wieder und die Lampe geht an. Jetzt sind wir verdutzt. Wundern uns.

Der Kunde lacht: „Sie wissen schon, dass Sie hier in der Potsdamer Straße sind?" Ja, dass die Potsdamer Straße eine der Hochburgen mittelmäßiger Prostitution ist, ist uns natürlich bekannt. „Meine Frau fertigt gerade ein paar geile Böcke ab. Wenn die Lampe an ist, darf ich sie nicht stören; ist sie ausgeschaltet, kann ich mich frei bewegen. Flackert die Lampe, ist Gefahr im Verzug und ich muss mich kümmern." Er sagt das ganz selbstverständlich; als wäre nichts dabei, dass seine Frau zig Kerle am Tag bedient.

Noch ist die Berufsfrage nicht gestellt. Als Prostituierte will sie sicher keine private Krankenversicherung. Ich sehe meine Felle davonschwimmen. Hans-Rudi bleibt gelassen und sucht nach Auswegen. „Was sind Sie von Beruf?", fragt er den Ehemann. „Es geht doch nicht um mich, Sie sollen meine Frau versichern." – „Sicher, genau das wollen wir auch. Nur wenn Sie sozialversicherungspflichtig sind, ist doch Ihre Frau bei Ihnen mitversichert." – „Ja, das passt so leider nicht. Ich nenne sie zwar meine Frau, aber wir sind nicht verheiratet."

Hans-Rudi lässt nicht nach: „Ich kann sie auf jeden Fall nicht als Hausfrau einstufen. Hat sie denn einen normalen Beruf gelernt, bevor sie diese Heimarbeit antrat?" Diese Antwort gefällt dem Kunden: „Sicher, sie war Hostess und strippte an der Stange." Auch nicht das, was wir hören wollten. Aber es gibt immer eine Lösung: „Als Hostess war sie doch bestimmt selbständig und wurde für Partys gebucht, oder?" Hans-Rudi guckt dem Kunden tief ins Auge. Der versteht und antwortet. „Ja, natürlich. Sie ist selbständige Veranstalterin von Partys, Geburtstagen und Gruppenausflügen." Dabei zieht er kumpelhaft mit dem Zeigefinger das rechte Augenlied herunter.

Wir sind glücklich: „Na also, sie ist selbständig. Was verdient sie denn im Monat?" Schnell und ohne Pause, damit der Kunde sich nicht ausgehorcht fühlt, fügt Hans-Rudi hinzu: „Es geht um die Tagesgeldabsicherung." Der Kunde ganz entspannt: „So zwischen 10.000 und 15.000 Mark." Ich rutsche fast vom Sessel. Ich bin glücklich über jeden Vertrag, der mir 600 Mark bringt.

Traum vom eigenen Büro

So manche Stunde fantasiere ich von einem richtigen Büro. Einem eigenen Büro. Mit großem Eichenschreibtisch, davor englisch grüne Auslegware. Eine Dogge sitzt neben mir – unbeweglich, fixiert Kunden so lange, bis diese unterschreiben. Reiner Wunschtraum.

Ich befreunde mich mit dem Schauspieler-Kollegen, dem Boris-Karloff-Verschnitt. Er züchtet Doggen. Einmal besuche ich ihn zu Hause am Schlachtensee. Drei ausgewachsene Doggen und sechs Welpen toben herum. Verliebt bin ich in alle. Ich denke bei ihrem Anblick an den eigenen Schreibtisch – samt Dogge.

Ein großer Hund benötigt zweimal täglich zwei Stunden Auslauf. Er verschlingt jede Menge Fleisch und produziert entsprechend große Hinterlassenschaften. Ohne gute Erziehung geht's nicht. Wer hat das Sagen? Wer setzt sich durch? Ich frage mich: Bin ich Alphatier genug, um mich als Erzieher eines Hundes zu bewähren? Nach innerer Diskussion mit mir selbst, komme ich zu dem Schluss: bestimmt nicht. Einen Hund gut abzurichten, bedeutet Arbeit – viel Zeit und viel Arbeit. Und kostet in der Regel auch Geld. Beides – Zeit und Geld – habe ich nicht. Wäre es vielleicht mit einem Dackel einfacher? Dieser ist zwar neben einem fantasievoll ausgemalten, riesigen Eichenschreibtisch weniger imposant, aber irgendwie realistischer und passender für mich.

Einmal gehen der Karloff-Kollege, der eigentlich Karl heißt, und ich – die Welpen sind inzwischen fast ausgewachsen – abends um den Schlachtensee. Mit dabei die Hündin und vier Jungtiere. An einer roten Ampel gibt der Kollege entspannt seiner Hunde-Meute den Befehl „Sitz". In Nullkommanichts knallen fünf Hundeärsche auf den Asphalt. Saubere Arbeit, ich bin beeindruckt. Alle Vierbeiner haben Karl fest im Blick. Auf „Los" flitzen sie wie von einer Tarantel gestochen los. Noch nie habe ich mich bei einem nächtlichen Spaziergang so sicher gefühlt. Sie stöbern und schnüffeln. Zwischendurch herrscht Stille, bis sie sich wieder anschleichen und mich ihre feuchten Zungen erschrecken.

„Wenn du dich für einen Hund entscheidest, sollte dir klar sein, dass du in der Pflicht bist. Das ist so, als würdest du zehn bis 14 Jahre ein Kind versorgen. Du brauchst Konsequenz, jeden Tag. Wenn dir das klar ist, verkaufe ich dir einen Hund."

Was soll ich davon halten? Ich habe bis auf einen Wellensittich, eine Schildkröte und eine Katze keine Erfahrungen mit Tieren. Ich belasse es erst mal bei dem Traum, schließlich fehlt ja einfach auch noch das eigene Büro.

Auch die Ernährung ist ein Thema. Karl holt das Fleisch für seine Hunde – manchmal hält er zu den eigenen noch bis zu 15 Gasthunde – nicht beim Schlächter um die Ecke. Das Qualitätsfleisch wäre in der benötigten Menge viel zu teuer. Er ist Stammkunde beim Schlachthof. In seinem Ford Kombi stehen dafür drei große Mülleimer, die genau ins Auto passen. Sind die voll, reicht das Fleisch je nach Anzahl der Tiere einen Tag oder eine Woche.

An einem lauen Sommertag denke ich: „Besuch ich doch mal wieder den Karl". Sein Auto steht in der Auffahrt, ein gutes Zeichen. Aber warum sind alle Türen offen? Beim Klingeln an der Haustür erreicht mich ein eigenwilliger, etwas muffiger Geruch. „Komm rein und geh gleich durch in den Garten", ruft Karl mir zu. „Was ist los, komme ich ungelegen?" – „Nein, ich habe gerade geduscht. Mir ist was Blödes passiert. Als ich vom Schlachthof kam, hat der Idiot vor mir scharf gebremst. Ich musste so in die Eisen steigen, dass mir alle drei vollen Mülleimer umgekippt sind. Der Pansen, die Eingeweide und alle Knochenteile sind mir in den Rücken gedonnert. Das ganze Auto war voll mit Schlachtabfällen. Selbst im Handschuhfach fand ich ein Gehirn. Die Karre kann ich wohl wegschmeißen." Mir wird schon vom bloßen Zuhören übel. „Und das nimmst du so gelassen?" – „Was soll ich machen? Ist einfach passiert, kann ich nicht mehr ändern."

Mein Fazit: Eine Dogge ist wohl nicht das Richtige. Der Gedanke an Karls Abenteuer bleibt auf ewig haften.

Jutta

Im Twenty Five sitzt eine Gruppe neuer Frauen am Fenster. Sie schnattern und werden ab und an von anwesenden Herren auf die Tanzfläche geführt. Dort machen sie einen auf Rührmichnichtan. Ich treibe meine Scherze mit meinen Kellnerkunden. Zwei Tage später sitze ich erneut an der Bar. Auch der Trupp Mädels ist wieder da. Ein, zwei gefallen mir, aber in diese Herde einzugreifen, das kann nur schief gehen. Ich stelle mich in Position und warte, bis eins der Mädels sich von der Gruppe trennt.

In der Disco sehe ich die Mädels Wochen später wieder. Darunter ist ein sehr hübsches Mädchen. Ich pirsche mich an sie ran und darf auch mit ihr tanzen. Das geht eine ganze Weile so. Sie tanzt auch mit anderen. Ich spüre einen Hauch von Eifersucht. Also warum nicht einen Großangriff wagen?

Noch wohnt sie in Lichtenrade. Was liegt also näher, als dass sie mich auf ihrem Weg nach Hause an meiner Wohnung absetzt. Ich lade sie an der Bar auf einen Whisky ein. Das lehnt sie natürlich brav ab, da sie ja Auto fährt. Ich bestell bei Hänschen meine Flasche Jim Beam und Cola, für die Dame einen Cocktail. „Nein, danke. Cola reicht." Wir reden, wir tanzen, die Zeit vergeht, die Musik wird immer langweiliger. Langsam wird es Zeit, nach Hause zu gehen. Nach zwei Gläsern Jim Bean kann ich natürlich nicht mehr Auto fahren. Es kommt die alles entscheidende Frage: „Kannst du mich zu Hause absetzen?" Sie nickt und los geht's. Vor meiner Haustür lade ich sie zum obligatorischen Kaffee ein. In dieser Nacht macht sie ganz auf braves Mädchen und lehnt ab. Küsst mich und fährt ab.

Es ist nicht immer einfach, eine Eroberung zu machen, erst recht nicht für mich. Trotzdem habe ich über die Monate tolle Frauen kennengelernt. Und mich gleichzeitig immer gequält. Ich befinde mich in einem Zwiespalt. Mich zu binden, ist nicht mein Ziel. Und doch suche ich unbewusst etwas Festes. Aber vielleicht einfach noch nicht jetzt? Ein ewiges Hin und Her. Was will ich eigentlich? Mir die Hörner abstoßen? Noch sind sie dran und angesichts meiner bescheidenen Frauengeschichten wackeln sie noch nicht einmal.

Ich bleibe an Jutta dran. Was ich einmal beginne, das bringe ich auch zu Ende. 14 Tage sehe ich sie nicht. Lustlos bändele ich weiter im Feld der Weiblichkeit an und schaue im Twenty Five ständig auf den Eingang. Schiele immer, ob sie um die Ecke kommt. Dann endlich. Wird sie mich erkennen? Sie steuert direkt auf mich zu. Heute ist die Nacht aller Nächte, beschließe ich. Wir absolvieren ein paar Tänze und gehen vor Mitternacht gen Ausgang.

Mein Gehirn ist vernebelt. Scheint an der sich über Wochen ständig steigernden Gier zu liegen. Unser Zusammensein ist schön. Wir treffen uns wieder und wieder. Langsam stellt sich so etwas wie Gewohnheit ein. Drei Mal die Woche kommt sie zu Besuch, verabschiedet sich allerdings zwischen Mitternacht und ein Uhr und fährt nach Hause zu ihren Eltern. Mein Leben im Twenty Five beginnt zu bröckeln.

Dann kommt ihr Großangriff. Vielleicht nutzt sie meine Überproduktion von Testosteron gezielt aus. „Wir könnten doch die ganze Nacht einfach so weitermachen, wenn ich nicht immer nach Hause müsste", sagt sie eines Tages. „Soll ich nicht einfach hierbleiben? Was meinst du?" In geistiger Umnachtung und voller Sehnsucht nach unendlichem, nächtelangem tollem Sex kommt meine lebensentscheidende Antwort: „Dann bleib doch."

Am nächsten Tag steht sie mit dem Kopfkissen und der Bettwäsche vor der Tür. Die Tragik meiner Situation wird mir jetzt schmerzlich klar. Ich will das nicht und will doch nicht darauf verzichten. Nach einer gläubig sittsamen Ehe, deren Ende und der Verheißung auf ein neues Leben will ich mich nicht neu binden. Ich will frei sein. Ich will bumsen, bis die Eichel glüht. Einmal alle Nationen durchvögeln. Wird real nicht funktionieren, das weiß ich, schließlich bin ich nicht Udo. Aber träumen will ich davon.

Ich ergehe mich in Selbstgesprächen. Jutta ist eine kluge, strebsame und erfolgreiche Frau. Warum soll ich sie gehen lassen? Irgendwann jammere ich ihr bestimmt nach. Mit dem Alter verschwinden die Gelüste, sage ich mir, und dann ist es wichtig, dass man eine bessere Hälfte hat und sich gemeinsam durchs Leben kämpft. Ich ringe mit meinen Gefühlen. Meine Mutter hat sie mittlerweile auch zu ihrer Lieblingsschwiegertochter gekürt. Ich fühle mich irgendwie gefangen.

Jetzt gehen wir gemeinsam ins Twenty Five und ich sitze brav inmitten all der Frauen. Ich fühle mich, als wäre ich faktisch schwanzlos. Ab und zu breche ich aus, ich muss schließlich meine Kunden betreuen und weiter Verträge abschließen.

Um meinen Marktwert zu erhöhen, muss ich etwas für meinen Körper tun. Ich muss überflüssige Pfunde loswerden. Dringend. Bisher war aller Sport nutzlose Schinderei, die Diäten reine Scharlatanerie. Nichts hat geholfen. Das Gewicht geht hoch und runter. Mein Dilemma sind meine Gene. Mein Vater hatte einen dicken Bauch, meine Mutter den Sachsen-Anhalt-Hintern und ich bekam noch dicke Schenkel dazu.

•

Der jährliche Galaabend mit Partnern ist das Highlight der Firma. Es gibt ein fantastisches Menü; ein Orchester der Extraklasse spielt zum Tanz auf – Wolf Gabbe und sein Tanzorchester. Daliah Lavi ist als Sängerin gebucht. Ein großer Abend, bei dem ich eine gute Figur machen will.

Ein neuer dunkler Anzug hängt bereit, ein Korsett soll den noch vorhandenen Bauch bändigen. Dank der letzten Diät habe ich deutlich abgenommen. Trotzdem ist der Bauch noch da. Um ihn in die Schranken zu weisen, gehe ich in einen Miederwarenladen und bitte um Rat. Die Verkäuferin schaut mich mit leicht verzogenen Lippen an. Ich kann deutlich sehen, was hinter ihrer Stirn vorgeht. Erklärungen sind unumgänglich. Danach spielt sie mit – und entfernt vorhandene Strapse an der Korsage. Wie, was, wie fest – sie erklärt mir die Bindetechnik, damit ich noch atmen kann.

Ich genieße meinen Anblick am Abend. Bin begehrt bei den Kolleginnen. Ich finde es toll, mal ein Schwan zu sein mit gutem Anzug und gebändigter Figur. Je später der Abend, desto mehr wandelt sich der Schwan zum hässlichen Entlein. Tanzen bedeutet auch Schwitzen – beides lässt sich für mich nicht trennen. Mein Verhängnis: Das Gummi des Korsetts weicht auf. Das bringt mehr Luft – einfach herrlich; aber dass sich dieses blöde Gummi über meine Brusthärchen rollen muss, ist mein Untergang. Es ziept bei jedem Atemzug und ist teuflisch unangenehm.

Heimlich entferne ich das Dilemma samt meinem Flaum und hoffe, dass keiner meine deutlich rundlichere Form zur Notiz nimmt. Kollegin Renate, die ich ins Vertrauen ziehe, erzählt die Geschichte zur Belustigung aller in der Filiale. Ab sofort werde ich regelmäßig angemacht. „Mein Hüfthalter bringt mich noch um“, der alte Werbespruch schallt mir immer wieder entgegen und bringt meine Kollegen noch Wochen und Monate später zum Lachen.

Endlich kommt eine Methode auf den Markt, die Hilfe verspricht. Das Buch von Dr. Atkins: „Friss dich schlank“. Unmäßig viel habe ich eigentlich nie gegessen, also sollte es funktionieren. Und es funktioniert auch. Innerhalb von drei Wochen nehme ich zehn Kilo ab. Eine Woche Pause, ein Kilo drauf. Wieder drei Wochen Atkins und so weiter. Insgesamt nehme ich 30 Kilo ab. Das bedeutete zwei Kleidergrößen weniger. Meine Chancen bei Frauen steigen. Und das in einer Phase, in der ich eigentlich innerlich blockiert bin. Ich freue mich trotzdem erst einmal über mein fast schlankes Leben. Gott sei dank habe ich Schwiegereltern, die sich raushalten; dazu eine Frau, die Karriere macht und obendrein noch hübsch ist.

So sitze ich immer wieder in der Runde von Frauen und höre mir ihren Tratsch an. Ab und zu mache ich auch mal ein Witzchen oder scherze nach rechts oder links. Ich schätze meine Chancen ein, gehe aber nie aufs Ganze. Ich selbst bin gar nicht so interessant für die Mädels. Interessant bin ich nur als Bock ihrer Chefin, meiner Frau.

Jutta ist auf ihre Karriere konzentriert, fleißig, attraktiv und intelligent. Was will ich mehr? Sie gesteht mir Freiheiten zu. Wunderbar. Ich grübele der Frage nach, wie es nach der Hochzeit sein wird. Vor der Ehe mit Rosita war auch alles klar und ich schwebte auf himmelblauen Wolken. Die Ehe selbst wurde schnell zur Farce. Aber hatte ich eine Wahl?

Die Geißel der Sünde peinigt mich. So ist das, wenn man religiös erzogen ist. Ich erwische mich heute noch, dass ich bete und mit Gott – natürlich nur über Verbindung von Jesus Christus – rede. Es ist jedes Mal ein Monolog, der schnell ins Trotzige übergeht. Ich frage ihn: „Warum hast du Adam eine Frau gegeben? Warum nicht vier? Salomon hast du 1000 zugestanden. Du bist nicht konsequent. Dann deine zehn Gebote. Vor allem ‚Du sollst nicht ehebrechen'. Wie sollen wir das schaffen bei all den Hormonen, die uns jeden Tag und jede Stunde unsere guten Vorsätze zerkloppen und uns beim Anblick einer schönen Frau zur Verzweiflung und in Versuchung bringen?"

Den Weg zum Standesamt empfinde ich wie den Gang zum Schafott. Mir schießen Gedanken durch den Kopf, die ich keinem anvertrauen mag. Alle Papiere sind fertig, das Aufgebot ist bestellt. Es gibt kein Entkommen.

Polterabend bei den Schwiegereltern. Ich versuche, lustig zu erscheinen. Innerlich schwingt die Guillotine über mir. Die Gäste bringen – wie es der Brauch vorsieht – ihr altes Geschirr mit. Zum Glück wohnen Juttas Eltern in einem Hochhaus mit Müllschlucker. Jutta und ich sind uns schnell einig und räumen die großen Scherben von Tellern und Schüsseln zügig weg, damit sie nicht immer wieder bis zum Zerfall in kleine Brösel an die Wand geschmissen werden.

Freund Christian schleppt – was für eine Freude – sogar ein altes Klobecken an. Das passt natürlich selbst nach dem ersten Wurf nicht in die Öffnung des Müllschluckers. Das Gott sei dank gereinigte Monstrum sprengen wir unter dem Gejohle der angeheiterten Gesellschaft in mehrere Kleinteile, um es zu entsorgen. Die Menge der Poltergegenstände verursacht unendlichen Lärm. Ein Wunder, dass sich kein Nachbar beschwert. Trotz der im Flur angehängten Warnung hätten sie allen Grund dazu.

Der Hausmeister ist froh, unsere Feier lebend überstanden zu haben. Angesichts des Lärms ist er in den Keller gegangen, um nach der Ursache des Gepolters zu forschen. Seine Vermutung: eine Verstopfung im Schacht. Unglücklicherweise schaut er in den Schacht, als gerade das halbe Klobecken runtergesaust kommt. Der Schreck ist groß. Einer der Gäste nimmt ihn in den Arm und tröstet ihn. „Man schaut nicht in dunkle Löcher, die Krach machen. Das verursacht meist böse blaue Flecken und tut weh. Komm rein und trinke einen auf den Schreck." Er lässt sich beschwichtigen und findet Trost in mehr als einem guten Schlückchen. Als sein Müllschlucker zu später Stunde zur Ruhe kommt, die Flurwand trotz allen Krawalls wie ein Wunder nicht beschädigt ist, zieht er wieder ab. Ganz gelassen, torkelnd und mit sich und der Welt im Frieden.

•

Am nächsten Tag die Hochzeit. Jutta sieht in ihrem bordeauxfarbenen Kostüm hinreißend aus, ich glänze in einem grünen Samtanzug. Die Feier ist eher unspektakulär. Die Hochzeitsreise führt nach Bad Tölz zu Freunden.

Ohne uns zu fragen, ist Skifahren angesagt. Also Anzüge anschaffen und Skier leihen. Mit unseren steifen Knochen geben wir auf dem Übungshang keine gute Figur ab. Uns ist das Ganze peinlich. Unsere Gastgeber amüsieren sich dagegen königlich. Für sie eine Mordsgaudi.

Denen werden wir es zeigen – auch wenn die Knochen schmerzen und das Ganze in Gips endet. Wir sind stolz, das Anfängerhügelchen im Schneepflug zu absolvieren. Die Muskeln ächzen unter der ungewohnten Anspannung. Die Freunde rasen mit gefühlten 100 Stundenkilometern an uns vorbei.

Üben, üben, üben. Jeden Tag quälen wir uns hinaus. Der Schnee ist festgefroren, eigentlich schliddern wir auf purem Eis. Die Stürze tun weh. Der Körper ein einziger blauer Fleck. Nach 14 Tagen sind wir froh und stolz, das Dilemma durchstanden zu haben. Zum Schluss ein Lob von unseren Freunden: „Ihr habt euch tapfer geschlagen. Im nächsten Jahr macht ihr genau da weiter, wo ihr heute aufgehört habt. Der Körper vergisst nichts." Die Anerkennung unserer Quälerei ist eine Einladung, im nächsten Winter wiederzukommen. Was für ein Geschenk.

Brief an das Verkehrsministerium

Ich fahre mit Jutta zu Freunden nach Bayern. Am schnellsten erreichen wir unser Ziel über eine Autobahn, die Anfang der 1930er-Jahre gebaut wurde. Diese Strecke durch den Osten hat viel erlebt, das beweist sie mit jedem absolvierten Meter durch unablässiges Gerumpel. Ein Ausweichen ist unmöglich, die Schlaglöcher sind überall. Das Asphaltband wartet mit mehr Kratern als der Mond auf; ist ein Paradies für Stoßdämpfer-Hersteller und ein Albtraum für jeden, der es wagt, sie zu befahren. Die Fernstraße passt zu ihren Besitzern im Arbeiter- und Bauernstaat, ist desolat und antiquiert.

Das Ganze ein wahrer Alptraum. Ich könnte mich aufregen – jedes Mal. Um nicht unnötig meine Nerven und Begleiter zu strapazieren, schreibe ich in Gedanken gerne Briefe an Behörden. Ich schicke sie nicht ab, könnte ich aber. Das beruhigt und ist ein Ventil für aufgestauten Frust.

•

An das Verkehrsministerium Bonn

Sehr geehrter Herr Verkehrsminister,
als Berliner empfinde ich die ostzonale Hoppelpiste einstiger Großmachtträumer als gelungen, um Raser abzuschrecken und stattdessen zum Genießen der Landschaft einzuladen.

Ich komme aus Berlin. In Berlin gibt es keine Landschaft. Sie ist hinter eine Mauer verbannt. Wer es wagt, von einer Aussichtsplattform rüberzuschmulen, der wird von den Brüdern auf der anderen Seite geblendet. Denn Wessis sind keine Brüder, sondern Klassenfeinde und die sollen gefälligst die Landschaft nicht mit ihren Blicken beleidigen.

Deshalb ist es immer ein Erlebnis, durch den Osten zu fahren. Schön auch die Freiheit, nicht die Seitenfenster verhängen zu müssen. Dafür darf man – wie zuletzt bei Regen – zwei Stunden lang die sozialistische Architektenerrungenschaft in Form von Grenzkontrollstätten bewundern. Diese waren und sind mit Gespür für farbliche Nuancen in herrlichstem Tarngrau – vor allem passend zu nassem Wetter – gehalten.

Irgendwann erreicht man den eigentlichen Kontrollpunkt unter einem Dach und kann die Fenster öffnen. Dies trägt allerdings nicht zur Steigerung des Wohlbefindens bei, denn es stinkt leicht nach Urin. Nicht weil die Vopos alle in die Ecken pissen, nein, der Verdacht soll nicht aufkommen. Vielmehr besteht das ganze Baumaterial aus Kunststoff. Es ist aus Harnstoff, sprich Kuhurin, gefertigt. Dieser Geruch sticht auch bei unseren Besuchen in Ost-Berlin in die Nase, wenn nicht gerade Trabbis in der Nähe sind. Diese riechen streng nach Zweitaktöl und machen das Atmen schwer.

Lieber Herr Verkehrsminister, wir empfehlen sehr, sich selbst einen Eindruck zu verschaffen. Gehen Sie doch einmal auf die Reise. Vielleicht erleben Sie ein ähnliches Abenteuer wie wir auf unserer Rückfahrt. Oder steigen Sie mit diesem Schreiben gedanklich ein und nehmen Sie teil. Herzlich willkommen!

Helmstedt, wieder regnet es. Dieses Mal dauert die Abfertigung vier Stunden. Und wenn man denkt: „Geschafft!", knallt einem das Leben eine neue Lektion vor den Latz. „Denkste, Puppe", heißt es dann, und man steht blöd auf der Autobahn herum. Alle zehn Minuten geht es fünf Zentimeter weiter. Die Nerven liegen blank, wenn man über drei Stunden eingekeilt festsitzt und keinen Millimeter Erfolgserlebnis verbucht. Schlafen? Fehlanzeige. Buch lesen? Ebenso. Der Regen prasselt so laut auf das Auto, dass es wehtut. Unablässig rinnendes

Wasser löst Halluzinationen aus. Das Auge sieht, dass etwas fließt, es ist aber nicht der Verkehr.

Es ist kalt und der Motor läuft, die für Wessis erlaubte internationale Tankstelle ist weit. Jetzt heißt es frieren mit ausgeschaltetem Motor und schnell aufwärmen auf den kurzen Strecken. Wir frösteln, die Kälte kriecht in die Knochen. Wenn das mal keine Erkältung gibt.

Herr Verkehrsminister, und dann dürfen wir das Menschliche nicht vergessen. Was ist mit der Notdurft bei einer solchen Fahrt? Sie treibt das fahrende Volk bis zum Wahnsinn. Stehen und Rollen sind unberechenbar. Männer steigen aus und pieseln an den Rand, werden angehupt, wenn es weitergeht. Sind sie nicht schnell genug wieder am Steuer, drängelt sich mancher mit dem Wagen vorbei. Aber was machen die Frauen? Einfach peinlich für sie. Sie hocken sich zwangsläufig neben ihren Wagen. Rollt die Kolonne wieder an und sie sind noch nicht fertig, schließt der folgende Wagen auf. So mancher Fahrer beginnt ein Gespräch mit zotigem Beigeschmack. Nicht schön. Viele Damen üben Verzicht und riskieren lieber eine Blasenentzündung.

Verehrter Herr Verkehrsminister. Ich erlaube mir einen Hinweis auf das Reiseentschädigungsgesetz und stelle Ihnen die Fahrtzeit in Rechnung. Von 16 Uhr bis nachts um zwei Uhr, abzüglich drei Stunden Regelfahrtzeit, summieren sich auf sieben Stunden. Bei einem Stundenlohn von 21,50 Mark macht dies 150,50 Mark, dazu berechne ich Benzinkosten von 17,25 Mark. Summa summarum 167,75 Mark.

Bitte überweisen Sie mir diesen Betrag auf mein Konto.

Mit freundlichen Grüßen eines Bürgers

PS: Die Toiletten auf der Interzonentankstelle waren übrigens wegen des Andrangs abgeschlossen.

Karinaa

Egal, in welcher Versicherungsgesellschaft ich im Laufe der Jahre arbeite, der Alltag verläuft immer gleich. Die Kolleginnen und Kollegen arbeiten Verträge ab, überlegen Strategien für schnellstmögliche Abschlüsse, lästern über Meetings und Tagungen. Immer das gleiche Spiel.

Karina arbeitet in der Verwaltung. Zwischen uns hat es sofort gefunkt. Hier ein kleiner Plausch, da ein gemeinsamer Kaffee – das fällt auch den Kollegen auf. Karina ist groß, schlank, hübsch und hat einen großartigen Humor. Für mich eine Traumfrau.

Ich sitze gerade mit Kollegen zusammen, die sich mit Frauengeschichten die Zeit vertreiben. Wer hat was mit wem, wer ist der größte Hecht. Genau in dem Moment macht Karina die Tür auf, sieht uns alle, grüßt und verschwindet schnell wieder. Das hebt die Stimmung. Einer ganz aufgeregt zum anderen: „Schau einer an. Die war noch nie hier unten. Jetzt ist sie hier – bestimmt nur wegen Lothar. Und der ist gerade einmal ein halbes Jahr verheiratet."

Auweia, jetzt komme ich ins Spiel. Bisher habe ich mich amüsiert. „Wir verstehen uns einfach gut." Ich komme ins Schwitzen. „Sie weiß, dass ich verheiratet bin." – „Mein Gott, du musst es wirklich draufhaben", ruft mir ein Kollege zu. Die anderen lächeln süffisant. In der Pause treffe ich Karina und schildere ihr die Szene. Sie flüstert mir ins Ohr: „Du bist tatsächlich gut." Ich schwebe auf einer Wolke, nicht im siebten Himmel, sondern im siebzigsten Himmel. Ich bin der Macho, von dem ich immer geträumt habe. Hoffentlich ein Zustand, der niemals endet.

Sie akzeptiert die abgezählten Stunden und die spärlichen Wochenenden. Jede Begegnung ist eine Explosion der Gefühle. Ihre beste Freundin bestärkt sie unwillkürlich, sich immer mehr in mich zu verlieben, indem sie gegen mich wettert und schimpft. Bei jeder Meckerkaskade nimmt Karina mich im Geiste in Schutz und umschlingt mich immer mehr.

Ich habe niemanden, dem ich mich anvertrauen kann. Und doch, ich kann mein Glück, meine Nöte und meine Gewissensbisse nicht für mich behalten. Bei einigen Freunden aus der ehemaligen Gemeinschaft bin ich noch nicht restlos vergessen. Alte Glaubensgenossen empfinden das Urteil des christlichen Gerichtstribunals als zu hart. Manche hatten Einblick in meine erste Ehe, haben sich aber mit Kommentaren zurückgehalten. Meinen Schwiegervater fanden sie unmöglich. „Sei froh, dass kein Kind entstanden ist", meint Freundin Ingrid. „Dann hättest du jetzt die Hölle auf Erden."

In der zweiten Ehe mit Jutta hat sich inzwischen Routine eingeschlichen. Leidenschaft mit heißem Sex war gestern, das Heute heißt Hausmannskost und Pflichtgefühl. Menschlich ist Jutta eine Wucht, wir kommen hervorragend miteinander aus. Sie besteht nicht auf Treue, kennt meine Umtriebigkeit und fragt lieber nicht nach. Eine offen bekannte Untreue würde sie nur traurig machen. Jutta hat, was sie will – einen Ehemann; und ich besorge mir das, was ich brauche.

Karina ist für mich so etwas wie ein Geschenk Gottes. Jemanden wie sie habe ich noch nie getroffen. Jutta und Karina – am liebsten möchte ich beide behalten. Dann wäre ich der glücklichste Mensch auf der Welt.

Ich fahre mit meiner Mutter nach Wolmirstedt. Die Familie besuchen. An der Grenze fängt das Dilemma an. Wie immer befinde ich mich in der Schlange, in der es einfach nicht vorangeht. Nach einer Stunde steht der Grenzbeamte in seiner graugrünen, irgendwie schmuddelig erscheinenden Uniform vor uns. Die Uniform – ein wahres Paradebeispiel für tragbare Abschreckung aus einer Modezeitschrift für zeitgemäßen Bunker-Chic.

Er fordert nicht nur die Papiere, sondern auch die Öffnung des Kofferraumes. Soll ich die innere Ungeduld zeigen? Ungeschickt. Ein freundliches Gesicht vortäuschen? Genauso schlimm. Also steige ich voller Elan aus, präsentiere Warndreieck und Verbandskasten.

Meine Beflissenheit gefällt dem gesichtslosen Beamten, dessen Schirmmütze das hässliche, grellblaue Neonlicht von seiner bewegungslosen Miene abschirmt. Keine Mimik, keine Freundlichkeit, keine Menschlichkeit sind darin zu sehen. Einladend wie ein Stacheldrahtzaun im kalten Morgengrauen. Im Wettbewerb für das „unzugänglichste Gesicht des Jahrzehnts" hätte er gute Aussicht, den ersten Platz zu ergattern. Aber die Konkurrenz aus dem Kreis der Kollegen ist groß. Alles wahre Hüter der Grenze und Mauerschattenkriecher.

Voller Akribie beginnt er seine Untersuchung. Könnte ja sein, dass ich das Geheimrezept für Thüringer Klöße versteckt habe. Der Pass wird so intensiv studiert, als enthielte er die Codes für die Atombombe. Zur Verstärkung kommt ein zweiter Grenzer. Er sucht mit seinem Spiegelroller nach einem Flüchtling, der vermutlich unter meinen Golf an der Bodenplatte klebt. Nur nichts sagen. Man weiß nicht, wie die geschult sind. Die beste Taktik: einfach gehorchen, um zügig davonzukommen.

Die Hoffnung auf schnelles Entkommen wird enttäuscht. Schuld ist der Modellbaukasten für den Cousin. Mit Werkzeug, Kleber und Farbe für ein Motorrad. Kein Panzer, kein Jagdflieger und nichts Militärisches. Einfach nur ein einfaches Motorrad in Grün zum Basteln für einen Zehnjährigen. „Was ist das?“, gellt es militärisch schrill in meine Ohren. Verdutzt schaue ich den Mann an. Was soll ich ihm sagen? Das ist ein Kuchen oder ein Hamster? Der Karton ist nicht verpackt, ein buntes Bild zeigt, was darin ist. „Ein Modellbaukasten für heranwachsende Kinder“, erwidere ich resigniert. „Das will ich sehen“, bekomme ich laut und herrisch ins Gesicht geschrien.

Die anderen Zonenbesucher in der Parallelschlange ducken sich weg und versuchen, ein teilnahmsloses Gesicht aufzusetzen. Bloß nicht den Zorn auf die eigene Person ziehen. Deren Freiheitsverhinderungsbeauftragte schauen hoch und rennen mit meinem, der den Karton an sich nimmt, in die Baracke. Nach 15 Minuten tauchen sie gemeinsam wieder auf. Mein Trabbi-Torwächter meint in ruhigem Ton: „Ich werde das mal durchgehen lassen.“ Der Ton macht die Musik und ich denke: „Jetzt ist er friedlich.“ Weit gefehlt, jetzt muss ich auch noch die Koffer aufmachen. „Warum brauchen Sie drei Koffer für drei Tage?“ – „Einen für mich, einen für meine Mutter und der dritte ist für meinen Onkel.“ – „Den für den Onkel will ich sehen.“

Ich hatte Mutter gewarnt und gebeten, ihre preußische Ordnung zu vergessen und alle Mitbringsel verstreut zu verstauen. Das widerstrebte ihrem Gemüt und das Dilemma nimmt seinen Lauf. „Sind das neue Sachen?“, fragt der eiserne Vorhangzieher streng. Nichts ist verpackt, auch kein Preisschild ist zu sehen;

alles liegt frisch gewaschen und korrekt zusammengelegt im Koffer. „Nein, das sind meine Sachen. Ich gehe mit der Mode und der Schrank ist voll." – „Ach so, für die arbeitsschaffenden Menschen im Sozialismus ist die abgelegte Kleidung wohl gut genug?", bekomme ich in harschem Grenzbefehlston ins Gesicht gebellt. Dieses Mal mit einem gefährlichen Unterton.

Ungewollt gieße ich Öl ins Feuer, indem ich als Entschuldigung erwidere: „Was ist schon dabei, ich trage doch auch die Kleidung meiner Brüder auf, wenn diese noch gut ist." – „Das wird ja immer schlimmer. Sie bringen uns Drittware ins Land. Sie werden das verzollen, damit Sie sich zukünftig hüten, bei uns Ihren Müll abzuladen." Innerlich koche ich vor Wut und muss mich zusammenreißen, um ihm nicht ins Gesicht zu brüllen: „Selbst Kleidung, die bei uns durch fünf Hände geht, ist immer noch besser als Ihre Lumpen. Schauen Sie sich doch selbst an. Ist das eine Uniform für eine stolze Behörde der ersten Arbeiter-und-Bauern-Macht auf deutschem Boden?"

Vermutlich denkt er dasselbe von mir wie ich von ihm. Allerdings hat er eindeutig die besseren Karten. Siegessicher geht er in sein Kabuff und kommt ruckzuck wieder. Mit einer Quittung über 200 Mark. „Elly, das zahle ich nicht. Ich habe dich gewarnt. Ich drehe um", rufe ich Mutter zu. Das hat der Kerl gehört und das erste Mal überzieht ein Lächeln sein steifes Gesicht. „Junge, hör auf. Ich regele das", raunt sie mir von der Seite zu.

Jetzt änderte sich die Tonlage und er wird süffisant: „Wenn Sie wirklich zurückwollen, dauert das zwei Stunden, denn wir müssen extra für Sie die Grenzanlagen umbauen. Wollen Sie das?" Mutter gibt ihm die 200 Mark. In einer Freundlichkeit – sie löst in mir ein wildes, zerstörerisches Feuer aus und ich schicke ihm gedanklich meine Faust ins Gesicht – wünscht er uns eine gute Weiterfahrt.

Die Wut lodert in meinem Bauch. Kaum kann ich ruhig und konzentriert fahren. Meine Frage an Mutter: „Du kommst doch aus Sachsen-Anhalt. Das weiß der Grenzer doch, wenn du nur zu einem bestimmten Zielort einreisen darfst. Warum quält er uns?“ Ihre logische Antwort: „Der ist neidisch, weil er nicht die Freiheit hat zu reisen, wohin er will.“

Ich versuche mich in einer philosophisch-politischen Betrachtung: „Zwei gleiche Staaten, die sich gegenseitig das Leben schwerer machen als Fremdstaaten. Da haben die Russen ganze Arbeit geleistet. Sie haben nicht nur ein Volk von zirka 16 Millionen Menschen entmündigt, sondern sie auch noch mit Hass ausgestattet. Sind deine Verwandten auch so?“

Mutter klärt mich auf: „Du kennst sie doch. Sie leiden unter diesem Regime. Sie verschanzen sich, haben kaum Freunde und schließen vor Sonnenuntergang ihre Fensterläden. Selbst dein Cousin Dieter im Kalibergbau beschwört seine Abneigung gegenüber der Politik.“ Ich erwidere: „Das letzte Mal sagte er aber ganz nebenbei den hilflosen Klassikerspruch auf: ‚Dessen Brot ich esse, dessen Lied ich singe‘. Die Kommunistenschweine haben es verstanden, auch in deiner Familie Unsicherheit zu säen.“

Kurz vor unserem Ziel – ständig habe ich den Blick auf das Tachometer, um nicht weitere Differenzen mit ostdeutschen Gesetzeswahrern zu provozieren – trifft mich der sozialistische Hammer erneut. Er kommt in Form eines Vopos, ebenfalls in grau-grüne Uniform gewandet, mit lässig übergeworfener Tasche aus abgegriffenem Plastik in ungesundem Braun; allein diese Tasche ist ein Albtraum aus den tiefsten Abgründen der

Geschmacklosigkeit. Versteckt lauernd hinter einem Baum springt er mutig 20 Meter vor mir auf die Straße und hält seine Kelle hoch.

Sein Vorwurf: Ich hätte eine durchgezogene weiße Linie überfahren. Und das 300 Meter vor meinem Ziel, als ich in die Nebenstraße zu meinen Verwandten einbiege. Ich halte natürlich an, drehe das Fenster runter und frage erstaunt über seinen Todesmut, was ich denn für ihn tun könne. Mein Puls schnellt auf 280. „Sie haben eine weiße Linie überschritten. Ausweis und Führerschein bitte." Seine Tonlage erlaubt keinen Widerspruch. Ich sollte wohl einfach seinem Befehl folgen. Traue mich aber zu fragen: „Welche weiße Linie?" – „Das darfst du nicht", flüstert meine Mutter.

Der Mann kommt in halb gebückter Haltung an mein Seitenfenster und flüstert mehr, als dass er spricht: „Wollen Sie behaupten, dass wir in unserem Arbeiter- und Bauernstaat nicht unserer Verantwortung nachkommen und keine Verkehrssicherheit gewährleisten? Das kostet 10 Mark." Automatisch gebe ich ihm zehn Mark. Mutter sitzt versteinert neben mir. „Ich sagte zehn Mark, nicht zehn westdeutsche Mark", höre ich ihn brüllen. Kennen die im Osten eigentlich keine andere Stimmlage? Den vorgeschriebenen Umtausch hat Elly in ihrer Tasche. Sie zieht aus ihrem Umschlag den gewünschten Schein und überreicht ihn. Mit den zehn Ostmark in der linken Hand führt er seine rechte Hand an seine Mütze und wünscht gute Weiterfahrt. Wenigsten habe ich für zehn Ostmark einen stilechten Abschiedsgruß bekommen.

Wenige Minuten später ist dieses Ereignis erstes Gesprächsthema nach der Begrüßung. „Das müssen wir uns ansehen", sagt Onkel Erwin. Wir machen uns zu Fuß auf den Weg und hoffen, dass der Typ nicht länger sein Unwesen treibt. Bald stehen wir an der Straßengabelung, der Verkehr ist mäßig.

Onkel Erwin inspiziert den Boden: „Hier fahre ich täglich entlang. Wo ist die weiße Linie?" – „Ich sehe hier einen grauen Strich", sage ich und deute auf eine verschwommene Kontur auf dem Asphalt. Erwin: „Diese dreckige Straße ist absolut unbedeutend, hier fährt niemand ordentlich um die Ecke. War das ein Dicker, der dich anhielt?" Ich überlege: „Hm, ich habe mehr auf die Uniform geachtet als auf seinen Umfang. Aber ja. Als er herankam, um mich zu rüffeln, füllte er optisch mein Seitenfenster aus." Onkel Erwin legt seine Stirn in Falten. „Dann weiß ich, wer das ist. Der ist ständig unterwegs und maßregelt jeden bei geringstem Anlass. Wir alle hier im Dorf machen einen großen Bogen um ihn. Der labt sich in der Gewissheit, der meistgehasste Polizist zu sein."

Wir beruhigen uns allmählich, später verteilen wir die Geschenke. Der Handel an der Grenze kommt zur Sprache. Wir stellen uns die Frage: „Sind hier alle bekloppt?" Die Antwort der ostdeutschen Verwandten: „Ja!"

Wäre es nach mir gegangen, hätte ich die Kunst zu meinem Broterwerb gemacht. Aber die Planungen meines Vaters machten mir einen Strich durch die Rechnung.

In meiner Freizeit habe ich fast immer einen Fotoapparat dabei. Einmal schlage ich der Versicherungsgesellschaft einen Fotowettbewerb vor. Die Mitarbeiter sollen ihre schönsten Urlaubsbilder einschicken. Die besten zwölf Motive – so meine Idee – können monatlich die Titelseite der Firmenzeitung schmücken. Mir geht es nicht darum, Konkurrenzneid zwischen den Hobbyfotografen aufzubauen; vielmehr möchte ich jedem guten Foto eine Chance auf viele Bewunderer schenken. Zudem lockt vielleicht ein interessantes Honorar.

Ich bin selbst so begeistert von meinem kreativen Geistesblitz, dass ich gleich loslegen möchte. Jutta und ich planen einen einmonatigen Urlaub. Sie wünscht sich einen ausgiebigen Strandurlaub auf Mallorca. Allein das Wort „Strandurlaub" löst bei mir innere Panik aus. Alle Viere von mir gestreckt im Sand liegen – das halte ich keine zwei Stunden aus. Purer Horror. Ich brauche eine Aufgabe – ich mache Mallorca zu meinem Fotoziel.

Ich will nicht nur ein Titelmotiv schießen, sondern mir schwebt ein Fotobuch vor. Ein ganz besonderes Fotobuch. Mir sind die Touristen ein Graus, die alles einfach nur ablichten und keinen Blick dafür haben, ob sich das Ganze überhaupt lohnt. Apparat vor das Gesicht halten, kurz durch den Sucher gucken, auslösen – und weiter geht's zur nächsten Attraktion.

Vor meinem geistigen Auge sehe ich ein Fotobuch vor mir mit den schönsten Motiven der Insel – die Kathedrale von Mallorca und die Festung Castell de Bellver, die offizielle Sommerresidenz des spanischen Königshauses, das ehemalige Fischerviertel Santa Catalina, der Parc de la Mar. Ich komme ins Schwärmen, als ich das erste Mal den atemberaubenden Blick am Cap de Fermentor genieße oder gemütlich über den Mercat de l'Olivar mit seinen üppigen Obst- und Gemüseständen schlendere.

Aber mir geht es nicht nur um optimale Ausschnitte oder Kompositionen, sondern um Tipps für Gleichgesinnte, die wirklich schöne Bilder schießen möchten. Genau die sollen in meinem Fotobuch hilfreiche Informationen finden, wie sie am besten aus welcher Perspektive, zu welcher Uhrzeit und bei welchen Lichtverhältnissen ein Objekt ablichten können.

Die Bucht von Palma ist mein Revier, das ich eifrig jeden Tag durchwandere. Hunderte von Fotos sind meine Ausbeute. Zusammen mit einem Freund, stolzer Besitzer eines Fotoateliers, sichte ich meine reiche Ernte. Wir wählen die besten Motive aus, sortieren und bearbeiten sie, versehen sie mit Texten. Und wir hoffen auf durchschlagenden Erfolg.

Aber wieder einmal funkt das Leben dazwischen. Ich habe 20.000 Mark investiert und spreche mit einem Freund, der neben dem Springerverlag in Kreuzberg eine Druckerei betreibt. Er ist offen für Neues und lässt sich begeistern. Die ersten Gespräche verlaufen vielversprechend und ich träume schon von einer ganzen Serie von Fotobüchern aus spannenden Städten und fernen Ländern. Dann kommt der 9. November 1989. Mit dem Mauerfall wird alles anders. Keiner hat mehr Zeit für mich und meine Idee. So ist das Leben. Immer für Überraschungen gut.